# よくわかる お経の本

由木義文 著

講談社 ことばの新書

ブックデザイン
鈴木一誌＋仁川範子

# まえがき

仕事がら、またプライベートの面でも、様々な仏事に出席させていただくことが度々ですが、葬式や法事の折、ろうろうと読まれるお経を拝聴させていただいていますと、それだけで有り難い気持ちになってきます。と同時に、一体、このお経はなんというお経だったろうかとか、どのような内容のお経だろうかとか考えることがよくあります。

本書は基本的に、そのような疑問にこたえるべく企画されたものです。ですから、どこの宗派の仏事といわれるものに出席されても、本書を開いていただければ、お経の読み方、内容が分かるという構成になっています。さらに、じっくり読んでいただければ、「お経とは何か」という疑問や、それぞれの宗派の教えや読まれるお経の内容なども分かるようになっています。

さて、本書を執筆するにあたり、浅草寺の京戸慈光、西教寺の村松賢英、長昌院の藤井宏道、立正大学の渡辺宝陽、愛知学院大学の引田弘道、東大仏教青年会の藤丸智雄の諸先生にご教示たまわり、また出版にあたりましては講談社辞典局の宇田川眞人、中村武史両氏にお世話にあずかり、深く感謝いたしております。

なお、執筆に際し、次のような聖典、経巻を参考にさせていただきました。
『浄土宗信徒日常勤行式』浄土宗総合研究所監修
『平成改訂　浄土礼誦法』八百谷靖匡編　一行院
『浄土真宗聖典』真宗聖典編纂委員会編纂　本願寺出版部
『解説　礼拝聖典』浄土真宗聖典普及会　百華苑
『浄土真宗本願寺派　葬儀規範勤行集』法式調査研究委員会勤行指導所編集　浄土真宗出版部
『曹洞宗日課勤行聖典』田中亮三編　曹洞宗宗務庁
『日蓮宗信行要典』大本山池上本門寺編輯発行
『増補　日蓮宗朝夕勤行集』永田文昌堂編集部
『観音経』金龍山浅草寺
他に講談社刊行のシリーズ『お経　天台宗』『お経　真言宗』『お経　浄土宗』『お経　浄土真宗』『お経　禅宗』『お経　日蓮宗』も参考にさせていただきました。

**一九九九年師走**

**由木義文**

# 目次

# 第一部
# お経の基礎知識

# 第一章 お経とは何か

## 一 お経の輪郭

### ❖お釈迦さまの教説

お葬式や法事のおり、私たちは「お経《きょう》」を耳にする。単調に読まれているお経があるかと思うと、美しい節《ふし》がついて読まれるお経もある。まったく意味が伝わらないものがあるかと思うと、私たちをそうだと納得《なっとく》させる和文のものもある。それらは総称してお経といわれることが多い。いったいお経とは何か、という素朴《そぼく》な問いもでてくる。

お経の「経」は、インドのサンスクリット語（梵語《ぼんご》）では「スートラ」といわれる。縫《ぬ》う、貫《つらぬ》くという意味のサンスクリット語の動詞から作られたところより、教えを貫く「綱要《こうよう》」の意味に使われている。もともとは簡潔な文句で要点を表したものがスートラといわれていた。このため、インドでは仏教以外の宗教や哲学の聖典《せいてん》や重要な学術の文献にも使われている。例えばインド哲学で研究されるヴェーダーンタ学派の根本聖典は『ブラフマ・スートラ』であり、愛欲《あいよく》のことを研究した文献は『カーマ・スートラ』である。

このスートラという言葉を漢字に訳したものが「経」である。経にはたて糸とか通すとかいう意味があり、サンスクリット語のもともとの意味に通ずるものがあった。このため、スートラは経と訳されたと考えられる。

仏教にこの言葉が持ち込まれると、＊釈尊《しゃくそん》（釈迦牟尼《しゃかむに》世尊《せそん》の略称）の教説を説いたものが基本的にはお経といわれるようになった。このようなところより、お経は「如是我聞《にょぜがもん》（是《かく》の如《ごと》く我《われ》聞《き》けり）」という言葉で始まるようになったと考えられている。

### ❖お経の在《あ》り処《か》

では、現在、私たちはどこにお経を見ることができるであろうか。もちろん、葬式や法事のおり、僧侶が持っている経巻《きょうかん》に具体的に見ることができる。しかし、元々は『大蔵経《だいぞうきょう》』、あるいは『一切経《いっさいきょう》』といわれるものの中に、見ることができる。『大蔵経』とは、たくさんあったお経を、釈尊の弟子や僧侶たちにより、さまざまな時代に、整理、編集され、版木《はんぎ》に彫《ほ》られ出版されたものである。

『大蔵経』は通常、三つの部分より成っている。それは「経蔵《きょうぞう》」「律蔵《りつぞう》」「論蔵《ろんぞう》」といわれるもので、総称して「三蔵」といわれる。経蔵は仏のお説きになった教説を集めたもの、律蔵は釈尊の定めた戒律《かいりつ》を集めたもの、論蔵は経や律について論じたものである。私たちが親しんでいるお経、『法華経《ほけきょう》』にしても『阿弥陀《あみだ》経《きょう》』にしても、あるいは『般若心経《はんにゃしんぎょう》』にしても、また奈良の唐招提寺《とうしょうだいじ》などが拠《よ》り所《どころ》とする『四分律《しぶんりつ》』も、仏教学者なら一度は読む『中論《ちゅうろん》』も、すべて『大蔵経』の中に収められている。

ちなみに、『西遊記《さいゆうき》』の中に、お経を求めてインドに向かう三蔵法師《さんぞうほうし》が登場してくるが、この三蔵とは経・律・論の三蔵のことで、これに精通《せいつう》した法師のことを三蔵法師というのである。

**❖ことば❖ 釈尊《しゃくそん》**

お釈迦《しゃか》さまの呼び名として、次の三つがよく知られている。一つはいわゆるお釈迦さまであり、二つは世尊《せそん》であり、三つは釈尊《しゃくそん》である。一つ目のお釈迦さまは、彼がインドの一種族である釈迦族の出身にちなみ、二つ目は世に尊い人であるということにちなんでこのように呼ばれている。三つ目の釈尊は釈迦族出身の聖者という意味の釈迦牟尼世尊《しゃかむにせそん》の略称である。本書では釈尊という言葉を用いることにする。

では、この『大蔵経』といわれるものにはどのような種類があるのであろうか。言語によって次のように分類することができる。

### ❶パーリ語の『大蔵経』

スリランカ、ビルマ（現ミャンマー）、タイ、カンボジア、ラオスといった南方に伝わったもので、『南伝《なんでん》大蔵経』として和訳で読むことができる。大乗《だいじょう》仏教のお経といわれるものは含まれていない。

### ❷漢訳の『大蔵経』

初期の仏教といわれるものから、大乗仏教のものまですべてが網羅《もうら》された、漢字で記された『大蔵経』である。中国の『大蔵経』に基づき、日本でも『大蔵経』がつくられた。天海版《てんかいばん》、鉄眼版《てつげんばん》などがある。また現在よく使われるものとして、『大正新脩《たいしょうしんしゅう》大蔵経』がある。私たちが通常聞いたり、読んだりしているお経は、ほとんど漢訳『大蔵経』に源《みなもと》を持つということである。

### ❸チベット語訳の『大蔵経』

チベット語で記された『大蔵経』。密教《みっきょう》について中国や日本に知られていないものが多く含まれている。仏説部《ぶっせつぶ》と論疏部《ろんしょぶ》に分かれている特徴がある。

この外、モンゴル語訳や満州語訳などがある。

## ❖お経は何を説いているか

では、こういったお経は基本的に何を説いているのであろうか。さまざまなことが考えられるが、結局、苦しみ、悩む人々を悟《さと》りの世界、すなわち究極の至福《しふく》に導く、さまざまな道（方法）を説いたということである。すなわち山に登るのにさまざまな登山口があるように、人が悟りの世界に至るのにもさまざまな道があるということである。

では、どうしてさまざまな道が説かれたのであろうか。人間の顔貌《がんぼう》や性格はすべて異なり、同じものはない。当然のことだが、その人にピッタリ合う教えも違うということになる。このことが、たくさんのお経、すなわち教えが誕生する原因になったように思える。仏教に八万四千の法門《ほうもん》があるといわれるのは、このような背景があると考えられるのである。

## 二　お経の成立と展開

### ❖仏典の結集

釈尊は悟りを開き、やがて多くの人々に教えを説き始める。しかし、八十歳のとき（紀元前三八三年頃）入滅《にゅうめつ》する。弟子たちの動揺《どうよう》は大変なものであったにちがいない。やがて、「私は師から、このように聞いた」とか、「いや、私はこのように聞いた」とかさまざまな意見がだされた。中には矛盾《むじゅん》する考えもでてきたにちがいない。あるいは失われる言葉さえでてきたはずである。当然の流れとして、それらの口から口に伝えられてきた教えを検討し、成文化する必要が生じてきた。このため、弟子たちによって、教えを検討し、整理する会議が持たれることになる。いわゆる「結集《けつじゅう》」が行われることになった。結集は何度か行われたと思われるが、代表的なのは次のようなものである。

#### 第一回の結集

釈尊滅後、摩訶迦葉《まかかしょう》（マハーカーシャパ）によって、招集された。五百人の*比丘《びく》が集まり、王舎城《おうしゃじょう》（ラージャグリハ）郊外の七葉窟《しちようくつ》で開かれた。優婆離《うばり》（ウパーリ）が中心となって「律」が、阿難《あなん》（アーナンダ）が中心とな

❖ことば❖比丘《びく》

サンスクリット語のビクシュ、パーリ語のビックの音写。出家《しゅっけ》得度《とくど》して、二百五十戒《かい》を受けた男性の出家僧のこと。女性は比丘尼《びくに》で、サンスクリット語のビックシュニー、パーリ語のビックニーの音写。

って「経」が検討された。現存するパーリ語のお経は、この結集により編纂《へんさん》されたものだと南方の仏教はいっているが定かではない。

### 第二回の結集

仏滅後百年頃、耶舎《やしゃ》（ヤシャ）が中心になって、七百人が集まって毘舎離《びしゃり》（ヴァイシャーリー）で行われた。戒律《かいりつ》に関する十の事柄について、進歩的な比丘が新しい解釈をし、保守的な解釈に異議を唱えたために招集された。これに伴い、律蔵が編集されたといわれている。

### 第三回の結集

仏滅後二百年頃、目犍連子帝須《もくけんれんしていしゅ》（モッガリブッタ・ティッサ）が中心となって、千人が集まり、華氏城《けしじょう》（パータリプトラ）で行われた。経蔵・律蔵・論蔵がすべて編纂されたといわれる。

以上のようにして、釈尊の教えに近い経蔵・律蔵・論蔵が形成され、パーリ語の『大蔵経』になっている。また、これらは漢訳『大蔵経』の中にも『阿含経《あごんぎょう》』という名で伝えられている。



## ❖大乗仏教の仏とお経

やがて西暦紀元前後に一般民衆やその指導者の中から、革新的宗教運動が興ってくる。いわゆる大乗《だいじょう》仏教の誕生である。そして、それを担《にな》った人たちは自らの仏教を大乗《だいじょう》（大きな乗物）仏教といい、旧来のそれを小乗《しょうじょう》（小さな乗物）仏教と貶称《へんしょう》した。

大乗仏教と旧来の仏教との相違点は何かといえば、次のようなところである。旧来の仏教の人たちは歴史的人物としての釈尊の教えを伝え、それを実践《じっせん》したのに対し、大乗仏教の人たちは新しいお経を創り出し、歴史的釈尊ではなく、理想化され、神格化された、たくさんの仏を誕生させ、信仰したということである。それらのたくさんの仏、そして菩薩《ぼさつ》も加えれば、次のようなものである。

阿閦仏《あしゅくぶつ》
阿弥陀仏《あみだぶつ》
弥勒仏《みろくぶつ》
薬師如来《やくしにょらい》
観世音菩薩《かんぜおんぼさつ》
文殊菩薩《もんじゅぼさつ》
普賢菩薩《ふげんぼさつ》

新たに創り出されたお経とは何かといえば、次のようなものである。

①あらゆるものには「自性《じしょう》」というものはなく、「*空《くう》」であるということを説くお経
『大般若波羅蜜多経《だいはんにゃはらみったきょう》』、『般若心経《はんにゃしんぎょう》』、『金剛般若経《こんごうはんにゃぎょう》』など

②阿弥陀仏への信仰を説いたお経
『無量寿経《むりょうじゅきょう》』、『阿弥陀経《あみだきょう》』

③広大な盧舎那仏《るしゃなぶつ》の世界と菩薩行《ぼさつぎょう》を説くお経
『華厳経《けごんぎょう》』

④一乗《いちじょう》思想（誰もが仏に成れること）と久遠《くおん》の仏（永遠の仏）を説くお経
『法華経《ほけきょう》』

⑤その他
『維摩経《ゆいまぎょう》』、『勝鬘経《しょうまんぎょう》』

釈尊その人は呪術《じゅじゅつ》密法《みっぽう》を行うことを禁止していたが、大乗仏教は若干《じゃっかん》そのようなものを取り入れてい

**❖ことば❖空《くう》**

『般若心経』の「色即是空《しきそくぜくう》　空即是色《くうそくぜしき》」でよく知られる言葉。すべてのものは因《いん》（直接の原因）と縁《えん》（間接の原因）よりなり、これだという固定的自性《じしょう》（物それ自体の本性）はないこと。だから、諸行《しょぎょう》は無常《むじょう》（すべてのものは変化する）ということにもなる。生き方の方面よりいえば、とらわれて生きるなということである。

た。しかし、四世紀になると呪法《じゅほう》のみを説くお経が現れた。そして、七世紀にはそれらの上に秘密仏教(密教《みっきょう》)といわれるものが成立し、『大日経《だいにちきょう》』や『金剛頂経《こんごうちょうきょう》』という密教の根本経典も誕生してくる。

## ❖中国仏教から日本仏教へ

紀元後まもなくして、中国に仏教が伝わり、二世紀の中頃から、サンスクリット*語で書かれたお経が漢訳され始める。それとともに、膨大《ぼうだい》なお経は整理され、分類され、『大蔵経』という形に編纂されていった。時代とともに、何度か『大蔵経』の編纂が行われもした。

他方、中国ではお経の価値判断もなされた。その代表的なものが、天台宗を開いた智顗《ちぎ》(五三八―五九七)の五時八教《ごじはっきょう》の考え方である。これは中国に入ってきた膨大《ぼうだい》なお経を釈尊一代の説法ととらえ、五つ(五時)に分類し、また教えを導く形を四つに分け、化儀《けぎ》の四教《しきょう》と、教えの内容を四つに分け化法《けほう》の四教《しきょう》としたものである。「五時」の考えを示せば次のようなものである。

釈尊は悟りを開き、説法を始めるが、まず聞き手のことは考えず、悟りの世界をそのまま説いたものが「華厳時《けごんじ》」の教えである。理解力のない者には全く理解できないもので、『華厳経《けごんぎょう》』がこの時のお経である。

次が「鹿苑時《ろくおんじ》」といわれるもので、釈尊が最初に弟子に説法した場所の鹿野苑《ろくやおん》にちなみこのようにいわれる。分かりやすく教えが説かれ『阿含経《あごんぎょう》』がこれにあたる。

次の時が「方等時《ほうどうじ》」で、小乗の教えはつまらないが、大乗の教えは素晴らしいと説いた時である。その次が「般若時《はんにゃじ》」で、『般若経《はんにゃぎょう》』が説かれた時である。そして、最後の時は「法華涅槃時《ほっけねはんじ》」である。この時に、円熟した教えである『法華経《ほけきょう》』、『涅槃経《ねはんぎょう》』が説かれるが、どちらかというと、『法華経』を最も勝れた教えととらえている。

この五時の考え方は牛乳が醍醐味《だいごみ》（ヨーグルト）に精製されていくプロセスにも譬《たと》えられている。すなわち、だんだんと円熟し、最後に最も美味《おい》しい醍醐味となっていくごとく、説法もだんだんと熟し、最後には最も円熟したものが説かれるという考えである。

この『法華経』を重要視する天台の五時八教の考え方は、日本の天台宗に受け継がれていく。やがて、日本天台の比叡山《ひえいざん》から鎌倉新仏教といわれるものが誕生し、これを通して、さまざまな形で『法華経』の教えが日本人の中に入っていくことになる。また、現在、『法華経』系の新興仏教が盛んな一因には、天台のお経の価値判断があるということである。

他方、阿弥陀仏の信仰も中国の人々に受け入れられた。その一因に末法《まっぽう》・五濁悪世《ごじょくあくせ》、すなわち終末観というものがあった。安穏な、西方《さいほう》の極楽浄土《ごくらくじょうど》が求められた結果、その拠《よ》り所《どころ》となる『浄土三部経』（『無量寿《むりょうじゅ》経《きょう》』『観無量寿経《かんむりょうじゅきょう》』『阿弥陀経《あみだきょう》』）が、人々に読まれることにもなった。この流れは日本では源信《げんしん》、法然《ほうねん》、親鸞《しんらん》などに受け継がれ、浄土宗《じょうどしゅう》、浄土真宗《じょうどしんしゅう》という教団になっている。

## 三　釈尊の教え

### ❖釈尊の生涯

仏教の教えはすべて釈尊の宗教体験に基《もと》づいているる。西暦紀元前後に興《おこ》った大乗仏教といわれるもの

**❖ことば❖サンスクリット語《ご》**

古代インドの標準の文書語。梵天《ぼんてん》（万有の根本のブラフマン、すなわち梵《ぼん》を神格化したもの）よりさずかった言葉というところより梵語《ぼんご》ともいわれる。バラモン教や、仏教の多くの典籍《てんせき》はこの言葉で記されている。

でさえ、釈尊の宗教体験がなければ決して誕生しなかったはずである。当然、釈尊の説く宗教世界、すなわち仏教とは何かということになる。ここではそのことに入る前に簡単に彼の生涯について見ておきたい。

釈尊（紀元前四六三―前三八三）は＊釈迦族《しゃかぞく》の中心地であるカピラ城に、国王であった浄飯王《じょうぼんのう》（シュッドーダナ）の長男として誕生した。この国の国土は千葉県くらいの大きさといわれる。姓をゴータマ、名をシッダッタといった。十六歳の時、ヤショーダラー妃と結婚し、一子ラーフラをもうけている。しかし、人生に深く悩み二十九歳の時、出家をした。伝統的には、老・病・死の問題に悩み、出家したとされる。

アーラーラ・カーラーマやウッダカ・ラーマプッタなどの仙人を訪ねるが、満足した答えを得ることができなかった。六年間、苦行《くぎょう》に励《はげ》むが、やがて苦行の空《むな》しさを知り、苦行を中止する。村の娘の牛乳の粥《かゆ》によって体力を回復したゴータマは、菩提樹《ぼだいじゅ》の下で瞑想《めいそう》して、やがて悟《さと》りを開く。目覚《めざ》めた人、覚者《かくしゃ》（ブッダ）になった。三十五歳の時である。その後、いろいろな所を遊行《ゆぎょう》し、教えを説く。そして、クシナガラで、八十歳で入滅している。

## ❖四つの真理

では、釈尊は何を悟り、何を説いたのであろうか。出家の原因が老・病・死にあったことに知られるように、釈尊の教えとはその苦しみからの解放ということが考えられる。

そのことをうまくまとめたものが「四諦《したい》」の考え方である。四諦の諦とはサンスクリット語のサティヤの訳で、真理という意味である。すなわち四諦とは四つの真理という意味である。四つの真理とは苦諦《くたい》・集諦《じったい》・滅諦《めったい》・道諦《どうたい》のことである。

苦諦とは、私たちがこの世に生を受けて生きることは苦しみであるという真理、集諦とは苦しみが起こってくる原因は根本的な迷いである無明《むみょう》であるという真理、滅諦とは苦しみが滅した状態が理想の世界で、それが涅槃《ねはん》であるという真理、道諦とは涅槃に至る道が八つの聖なる道（八正道《はっしょうどう》）であるという真理のことである。すなわち、釈尊は人生が苦しみ、悩みになるのは根本的迷いの無明のためであり、それより解放され、理想の世界に至るには八つの聖なる道の実践が必要だということを悟り、説いたということである。

　次に釈尊の悟りという宗教体験の原点の方面より、なにを悟り、体得したかを見てみたい。釈尊は苦行を捨て、菩提樹の下で瞑想し、人生のもろもろの苦しみより解放され、悟りを開く。そして、その後、七日の間、瞑想に耽《ふけ》り、目覚めの世界を享受することになるが、その時の様子が次のような偈《げ》（詩句）で残されている。

**初夜の偈**

　実にもろもろの法が、熱心に冥想しつつあるバラ*モンに顕《あら》わになるとき、そのとき、かれの一切の疑惑は消滅する。というのは、かれは縁起《えんぎ》の法を知っているから。

**❖ことば❖釈迦族《しゃかぞく》**

インドの一種族。人種的には何人種に属していたかよく分からない。ヒマラヤ山麓《さんろく》、ネパールに住んでいた。釈尊はこの種族の出身で、シャカの原語は力ある者という意味である。

**❖ことば❖バラモン**

インドのカースト制度の最上位にある司祭・僧侶階級で、バラモン教を生みだしたインドの宗教、文化の担《にな》い手。仏典では尊貴《そんき》な人を指す言葉としてもちいられている。インドから渡来《とらい》してきた僧である菩提僊那《ぼだいせんな》を婆羅門僧正《ばらもんそうじょう》と呼んでいる。

**中夜の偈**

実にもろもろの法が、熱心に冥想しつつあるバラモンに顕わになるとき、そのとき、かれの一切の疑惑は消滅する。というのは、かれは縁の消滅を知ったのであるから。

**後夜の偈**

実にもろもろの法が、熱心に冥想しつつあるバラモンに顕わになるとき、かれは悪魔の軍隊を粉砕《ふんさい》して安立《あんりゅう》している。あたかも太陽が虚空《こくう》を輝やかすがごとくである。（『律蔵』『ウダーナ』、王城康四郎訳）

## ❖釈尊の言葉

釈尊は人間の悩み、苦しみは、無知（無明）から生ずるものであり、それを滅することにより悩み、苦しみより解放されるのだという縁起の理想を知り、もろもろの疑いから解放された。いや、もろもろの法というものが顕わになり、浸透したから、縁起の理法が知られ、悟りの世界に入ることができたということである。実は顕わになったこの法とは純粋生命とでもいうもので、後の大乗仏教の法身仏《ほっしんぶつ》に発展していくものである。

やがて、この宗教体験に基づき、釈尊は多くの人々に教えを説き始める。そういったことが記された代表的なものが、『スッタニパータ』（スッタはパーリ語で経、ニパータとは集成の意味）である。生活に根差した具体的なことが記されており、釈尊の言葉が聞こえてくる感じがする。例えばそこにはこんな話が見られる。釈尊が*祇園精舎《ぎおんしょうじゃ》におられた時、容色麗《うるわ》しい神が近づき、釈尊に礼して、呼びかけている。

「多くの神々と人間とは、幸福を望みながら、幸せを思うています。最上の幸福を説いてください」

諸々《もろもろ》の愚者《ぐしゃ》に親しまないで、諸々の賢者に親しみ、尊敬すべき人々を尊敬すること、――これがこよなき幸せである。

適当な場所に住み、前世には功徳《くどく》を積んでいて、みずからは正しい誓願《せいがん》を起こしていること、――これがこよなき幸せである。

博学と、技術と、訓練をよく学び受けて、弁舌巧《たく》みなこと、――これがこよなき幸せである。

父母につかえること、妻子を護《まも》ることと、仕事に秩序あり、混乱せぬこと、――これがこよなき幸せである。

施与《せよ》と、理法にかなった行いと、親族を愛し護ることと、非難を受けない行為、――これがこよなき幸せである。

悪を厭《いと》い離れ、飲酒を制し、徳行をゆるがせにしないこと、――これがこよなき幸せである。

あるいは、カッパという弟子が老衰《ろうすい》と死にさいなまれている人々の拠《よ》り所《どころ》（島・避難所）を釈尊に尋ねたのに対し、こんなふうに答えている。

カッパよ、極めて恐ろしい激流が到来《とうらい》したときに湖沼《こしょう》のうちにある人々、老衰と死とに圧倒されている人々のための島（避難所）を、わたくしは汝《なんじ》に説くであろう。

いかなる所有もなく、執着して取ることがないこと、――これが島（避難所）にほかならない。

**❖ことば❖祇園精舎《ぎおんしょうじゃ》**

祇園は、祇樹給孤独園《ぎじゅぎっこどくおん》の略。釈尊に帰依《きえ》した資産家の須達《すだっ》多《た》は「孤独な人々に食を給する人」と呼ばれ、漢訳仏典では給《ぎっ》孤独《こどく》長者と訳される。この長者が、コーサラ国のジェータ（漢訳は祇陀《ぎだ》）太子の園林を買い取り、そこに精舎《しょうじゃ》を建立《こんりゅう》して釈尊に寄進した。これに基《もと》づき、この園は祇樹給孤独園といわれるようになり、その精舎を祇園精舎という。精舎とは、サンスクリット語のヴィハーラの訳で、もとは修行者の住居のこと、転じて寺院をさす。

これこそニルヴァーナと呼ぶ。それこそ老衰と死の消滅である。

　このことをよく知って、よく気をつけ、現世においてまったく煩《わずら》いを離れた人々は、悪魔に伏せられない。かれは悪魔の従者とはならない。

（中村元訳『ブッダのことば』、岩波文庫より引用）


　こういった私たちの具体的生活に根差した釈尊の教えは、パーリ語の『大蔵経』へと編纂《へんさん》されていく。他方、それらは漢訳の『阿含経』という形で、中国、日本にも伝えられた。しかしながら、大乗《だいじょう》仏教優位の立場に立つ中国、日本では、近代の仏教研究が始まるまでほとんど注目されることはなかった。

## 四　大乗のお経

### ❖大乗仏教の真髄

お経の成立と展開のところでもふれたが、西暦紀元前後頃、一般民衆の中から、革新的宗教運動、つまり大乗仏教が興《おこ》ってくる。それらは『スッタニパータ』に見られるような歴史的人物の釈尊の教えを守り、実践するというものではなく、理想化され、神格化された、多くの仏・菩薩《ぼさつ》を仰ぎ、信仰するというものであった。

　それらは阿弥陀仏《あみだぶつ》であり、弥勒仏《みろくぶつ》であり、薬師如来《やくしにょらい》であり、久遠《くおん》の釈尊であった。また、観世音菩薩《かんぜおんぼさつ》であり、文殊菩薩《もんじゅぼさつ》であり、普賢菩薩《ふげんぼさつ》であった。と同時に新たに大乗のお経も創り出された。それらは『阿弥陀経《あみだきょう》』『無量寿経《むりょうじゅきょう》』であり、『般若経《はんにゃぎょう》』であり、『法華経《ほけきょう》』であり、『華厳経《けごんぎょう》』である。

　しかし、大乗仏教が釈尊の教えと関係ないかというと、決してそうではない。釈尊の教え、宗教体験があったからこそ、大乗仏教は興りえたのである。悟りを開き、釈尊は七日の間、瞑想《めいそう》に耽《ふけ》り、それを享受していた。その時、釈尊にはもろもろの法が顕《あら》わになり、浸透していった。

視点をかえれば、瞑想によって、顕わになり浸透した法に一つになり、目覚めたからこそ、釈尊は仏になり、縁起の理法を知り、悩み、苦しみから解放されたのである。実はこの法が、思想的に展開し、やがて大乗仏教の理想化され、神格化された仏、ひいては法身仏《ほっしんぶつ》になっていくのである。

日本の仏教の華であり、大乗仏教の究極に感ぜられるのは親鸞《しんらん》の教えである。それは絶対他力の教えで、阿弥陀仏にすべてまかせるというものである。視点をかえれば、親鸞の宗教体験の世界とは、色も形もない仏(法身仏)におまかせし、その結果すべての悩み、苦しみから解放され、無為自然の世界と一味になるというものである。まさに釈尊のそれと同じなのである。



## ❖永遠の仏の姿

ただ、釈尊の教えと大乗仏教の教えが基本的に違うところは、『スッタニパータ』にも見られるように前者が釈尊を歴史的人物と見ているのに対し、後者は理想化され、神格化された、永遠の仏と見ていることである。

だから、大乗のお経にはそういった永遠の仏が多く登場してくるのである。そのよい例を次の『法華経』の「自我偈《じがげ》」に見ることができる。

わたし(釈尊)がこの世で仏に成ったと人々は思っているが、そうではない。わたしが仏になってすでに百千万億阿僧祇劫《あそうぎこう》という長い時間が経過している。そして、わたしは常に教えを説き、無数億の人々を教化し、仏道に導いてきた。教化してきた時間は無量劫《むりょうこう》という長い時間である。生けるものを救わんがために、巧みな手立てによって、涅槃《ねはん》に入ることを示してみせたわけである。しかし、わたしは本当は亡くなったのではなく、この娑婆《しゃば》世界にあって常に教えを説いている。

わたしは常に人々の近くにいるものの、さまざまな神通力によって、迷っている人には姿が見えないようにしている。人々はわたしの亡くなったことを見、広く仏舎利《ぶっしゃり》を供養《くよう》して、わたしを恋《こ》い慕《した》って、渇仰《かつごう》の心を起こす。このような人は、仏を深く信じ、素直でしかも柔軟な心持ちになり、ひたすら仏にお会いしたいと願い、自らの命も惜しむことがない。この時、わたしは弟子たちと共に、霊鷲山《りょうじゅせん》に姿を現すのである。そして、わたしは語るのである。

わたしは常にこの世にあって亡くなることもなく、巧みな手立てにより、滅することもあれば、そうでないこともあると示す。また、別の世界に仏を敬い、教えを信ずるものがあれば、わたしはその世界に赴《おもむ》き、最高の教えを説くであろう。

このように、大乗のお経には理想化され、神格化された永遠の仏が数多く現れ、大乗のお経の特徴の一つになっている。

## 五　日本のお経

お経は基本的にはインドで創られたと考えられているが、実は中国でも創られていた。私たち日本人の生活に多大な影響を与え、中国で成立したものとしてよく知られているのは、『盂蘭盆経《うらぼんぎょう》』と『父母恩重経《ぶもおんじゅうきょう》』である。では、日本で創られたお経はということになるが、『阿弥陀経』とか『法華経』とかいう所謂《いわゆる》、三蔵の内の経蔵に属するものは創られなかった。

しかし、今の私たち日本人の感覚からすると、お経と理解されるものがたくさんつくられた。例えばそれらは『正信念仏偈《しょうしんねんぶつげ》』であり、高僧たちによってつくられた「和讃《わさん》」であり、和文で書かれた「法語《ほうご》」などである。これらはすべて釈尊やお経の宗教世界、宗教体験に根差し、著されたもので、厳密な意味ではお経とはいいがたいが、今の私たちの感覚からすればお経と見てもよいものである。

例えば『正信念仏偈』は親鸞《しんらん》の主著『教行信証《きょうぎょうしんしょう》』の行巻からの引用であり、親鸞の、いや浄土真宗の信仰世界を正確に示したものである。しかし、漢字で書かれたものであるため、誰にでもすぐ理解できるかというとそうではない。

これに対し、そういった難解なお経の世界、あるいは心を誰にでもわかるようにしたものが「和讃」や和語の「法語」である。和讃についていえば、親鸞は「浄土和讃《じょうどわさん》」「高僧和讃《こうそうわさん》」「正像末和讃《しょうぞうまつわさん》」を著し、白隠《はくいん》は「白隠禅師坐禅和讃《はくいんぜんじざぜんわさん》」を残している。和語の法語の場合は、法然《ほうねん》は「一枚起請文《いちまいきしょうもん》」などを著し、曹洞宗《そうとうしゅう》は明治時代に『修証義《しゅしょうぎ》』を出版している。

しかし、私の感覚で、非常にうまくお経や高僧の教えをとらえ、誰にでもわかるように、しかも情感を伴って著されたものは、*蓮如《れんにょ》の『御文《おふみ》』に思える。しかも、その中の最たるものは、通夜に、僧侶が読む「白骨《はっこつ》の御文《おふみ》」（本書二一〇頁）に感ぜられるのである。

**❖ひと❖蓮如《れんにょ》**

（一四一五―九九）本願寺八世法主《ほっしゅ》。信仰と精力によって本願寺の中興の志をなしとげる。特に越前吉崎《えちぜんよしざき》を拠点にして、北国布教にあたった。また石山本願寺を創建した。『御文《おふみ》』を用い布教にあたり、真宗王国と呼ばれる基礎がつくられた。著作として、数多くの『御文《おふみ》』や『正信偈大意《しょうしんげたいい》』などがある。

# 第二章 お経の世界

五三八年（欽明《きんめい》天皇七年、一説には五五二年）に日本にもたらされた仏教は、しだいに日本の風土の中に定着していく。とくに鎌倉仏教の出現にともない、それぞれの宗派を通し、その教えとお経がいっそう人々のものとなった。ここでは私たち日本人に関係の深いお経を簡単に解説していきたい。

私たち日本人にとってよく読まれるお経として、四つあるように思える。一つは浄土《じょうど》のお経であり、二つは『法華経《ほけきょう》』であり、三つは『観音経《かんのんぎょう》』であり、四つは『般若心経《はんにゃしんぎょう》』である。

## 一 よく読まれるお経

まず、浄土のお経とは『浄土三部経』といわれるもので、『無量寿経《むりょうじゅきょう》』『観《かん》無量寿経《むりょうじゅきょう》』『阿弥陀経《あみだきょう》』のことである。これらのお経は浄土宗、浄土真宗、*時宗《じしゅう》の拠り所となるものである。天台宗でも『阿弥陀経』は読まれる。

### ❶『無量寿経《むりょうじゅきょう》』

阿弥陀仏の救済の論理が示されたお経である。遠い昔に、法蔵《ほうぞう》という比丘《びく》がいて、師の世自在王《せじざいおう》の下で、修行し、五劫《ごこう》という長い間、思惟《しゆい》し、人々を救うべく四十八の願いを建てた。その願いとは素晴らしい国土（極楽）をつくり、そこに人々を往生させ、悟りを開かせるというものであった。そして、その願いを完成させた法蔵は阿弥陀仏となって、今、西方《さいほう》の極楽にいるというものである。また、そこに往生するには十念が大切だと強調されている。

浄土宗と浄土真宗ではこのお経の四誓偈《しせいげ》（重誓偈《じゅうせいげ》）

と歎仏頌《たんぶつじゅ》(嘆仏偈《たんぶつげ》)といわれるところがよく読まれる。

**❷『観無量寿経《かんむりょうじゅきょう》』**

息子・阿闍世《あじゃせ》に幽閉《ゆうへい》された母・韋提希《いだいけ》は娑婆《しゃば》に絶望し、阿弥陀仏の極楽浄土への往生を願う。これに対し、往生する方法として、釈尊は日想観《にっそうかん》などの十六観を説き、能力の劣った下品下生《げぼんげしょう》の者も至心《ししん》に阿弥陀仏の名を称《とな》えれば往生できることを明らかにした。浄土宗ではこのお経の「第九真身観文《だいくしんじんがんもん》」といわれるところがよく読まれる。

**❸『阿弥陀経《あみだきょう》』**

お経の前半には阿弥陀仏の住む極楽浄土の素晴らしさが説かれている。と同時に、そこに往生することを勧め、一心不乱に七日の間、念仏することの大切さを説いている。後半は東・南・西・北・下方・上方の六方の諸仏がこのお経を信ずるべきだと勧めている。

二つ目は『**法華経《ほけきょう》**』である。天台宗や日蓮宗ではこのお経を拠《よ》り所《どころ》としている。二十五品《ほん》の「観世音菩薩《かんぜおんぼさつ》普門品《ふもんぼん》」は『観音経《かんのんぎょう》』として親しまれている。二十八品《ぼん》から成る『法華経』は伝統的には二つの部分からなると解されている。前半は迹門《しゃくもん》といわれ、序品から第十四品の「安楽行品《あんらくぎょうほん》」までで、後半は本門《ほんもん》といわれ、第十五の「従地涌出品《じゅうじゆじゅっぽん》」から「普賢菩薩勧発品《ふげんぼさつかんぽつぼん》」までである。まず、前半の迹門では声聞乗《しょうもんじょう》(仏の教えを聞いて悟りを開く教え)、縁覚乗《えんがくじょう》(師によらず独り悟りを開く教え)、菩薩乗《ぼさつじょう》(自分の悟りはさて置き、多く人々を救うことを主眼とする教え)の三乗の道がすべて一乗(すべ

**❖ことば❖時宗《じしゅう》**

一遍《いっぺん》(一二三九—八九)によって開かれた宗派で、信仰は浄土教の流れをくむ。本山は神奈川県藤沢市にある清浄光寺《しょうじょうこうじ》(遊《ゆ》行寺《ぎょうじ》)。『阿弥陀経《あみだきょう》』の「臨命終時」の言葉により、時宗の名がつけられた。平生《へいぜい》を臨終と考え念仏することを特徴とする。

てが仏になれるという教え）になっていくという一乗思想が示され、その譬《たと》えとして、火宅の譬えや長者窮子の譬えが説かれている。

火宅の譬えとは、火事になり家の中に取り残された三人の子供を救い出す話で、一人の子供には羊車《ようしゃ》、もう一人には鹿車《ろくしゃ》、さらにもう一人には牛車《ごしゃ》をあげるから、早く出てきなさいと長者はいう。そして、その言葉に誘われ出てきてみると、皆、白い大きな牛車をもらったというものである。ここでの羊車とは声聞乗、鹿車とは縁覚乗、牛車とは菩薩乗のことで、白い大きな牛車とは一乗のことで、三乗の教えが一乗に帰することを譬えている。

後半の本門は久遠《くおん》の本仏《ほんぶつ》の思想を説いたものである。「如来寿量品《にょらいじゅりょうほん》」がその思想の中心である。釈尊とは歴史的人物ではなく、遠い昔に仏になり、無数の世界で説法、教化し、今も説法、教化しているというもので、仏が永遠であることを説いている。

三つ目は『**観音経**《かんのんぎょう》』である。『法華経』の中の、「観世《かんぜ》音菩薩普門品《おんぼさつふもんぼん》」のことで、観世音菩薩がさまざまな災難、悩み、苦しみから、人々を救うというものである。宗派をこえて読まれているお経でもある。

四つ目は『**般若心経**《はんにゃしんぎょう》』である。般若の思想を説くもろもろの『般若経』のお経の中で、最も知られ、親しまれているお経である。何が説かれているかといえば、「空《くう》」の思想である。智慧《ちえ》を実践《じっせん》することにより、すべてのものは「空」だということにうなずき、苦しみから解放され、この上ない悟りを完成するというものである。その一説を紹介すれば、次のようなものである。

観世音菩薩は智慧（般若）の修行（般若波羅蜜多《はんにゃはらみった》）

をなされていた時、宇宙のすべては五つの集合（五蘊《ごうん》）から成り、本来実体のない空《くう》であると見究《みきわ》められ、一切の苦しみから人々を救われた。舎利子《しゃりし》よ、形あるもの（色《しき》）は空に異ならず、空はまた形あるものに異ならない。形あるものがそのまま空であり、空がそのまま形あるものである。また、感覚（受《じゅ》）、表象（想《そう》）、意志（行《ぎょう》）、意識（識《しき》）も同様である。

## 二　よく知られているお経

葬式や法事などでは耳にすることが少ない、あるいはほとんど聞かないお経であるが、よく知られたお経がある。その代表的なものは『華厳経《けごんぎょう》』、『大日経《だいにちきょう》』、『金剛頂経《こんごうちょうぎょう》』などである。

### ❶『華厳経《けごんぎょう》』

釈尊の悟りそのものを説いたお経といわれ、難解なお経でもある。盧遮那仏《るしゃなぶつ》の広大な世界と、菩薩《ぼさつ》の修行のあり方が説かれている。善財童子《ぜんざいどうじ》の登場してくる「入法界品《にゅうほっかいぼん》」には菩薩が悟りにいたるプロセスが説かれている。善財童子が求道《ぐどう》のために、五十三人を訪ねるところから、東海道五十三次の考えがでてきたといわれる。

### ❷『大日経《だいにちきょう》』『金剛頂経《こんごうちょうぎょう》』

真言密教のお経で、真言宗や天台宗の拠《よ》り所《どころ》となるものである。『大日経』には、如来の智慧を得るには、菩提《ぼだい》を因、大悲《だいひ》を根本、方便《ほうべん》を究竟《くきょう》とするとして、その理論的根拠が示され、かつ具体的な実践方法などが説かれている。『金剛頂経』には曼荼羅《まんだら》・真言《しんごん》・印契《いんげい》などの*密教《みっきょう》の行法に関するさまざまなことが説かれている。

### ❸『理趣経《りしゅきょう》』

男女の性愛に関する表現が見られることでも知ら

れる密教のお経。「般若の理趣」、すなわち智慧に至る道が説かれている。般若の智慧によれば、すべてのもの、男女性愛さえも清浄だというものである。

**❹『涅槃経《ねはんぎょう》』**

釈尊が入滅《にゅうめつ》される時のことを記したお経で、如来は常住にして、不変であるということと、「一切衆生《いっさいしゅじょう》悉有仏性《しつうぶっしょう》」(生けるものはすべて仏と成る種を持っている)という考えに基づき、すべての成仏を説いている。

**❺『維摩経《ゆいまぎょう》』**

維摩《ゆいま》という*居士《こじ》が主人公で、「空」の思想と菩薩の行が説かれているお経である。聖徳太子がこのお経に注釈を加えている。

**❻『勝鬘経《しょうまんぎょう》』**

勝鬘《しょうまん》という夫人が主人公で、仏性(仏になる種)のことにふれられている。聖徳太子がこのお経に注釈を加えている。

**❼『弥勒経《みろくきょう》』**

弥勒《みろく》をテーマにしたお経がいくつかあるが、基本的には未来にこの世に下りてきて人々を救済するというものである。五十六億七千万年後にこの世に現れるといわれる。

**❽『阿含経《あごんぎょう》』**

阿含《あごん》とはパーリ語のアーガマの音写で、釈尊の説かれた聖教という意味である。原始仏教のお経で、パーリ語の『大蔵経』と同じお経がたくさんある。歴史上の釈尊の言葉が多く含まれていると考えられる。釈尊と弟子の対話がたくさんでてくる。

**❾『法句経《ほっくぎょう》』**

戦後、友松圓諦《ともまつえんたい》師が法句経講義をラジオで放送したことにより、よく知られるようになった。パーリ語のダンマパダの訳で、「真理の言葉」という意味である。四百二十三の詩からなっている。人の生き方に対する深い洞察力《どうさつりょく》が見られる。百六十番目の「自己こそ自己の主である。他人がどうして（自分の）主であろうか？　自己をよくととのえたならば、得難《えがた》き主《あるじ》を得る」（中村　元訳『ブッダの真理のことば　感興のことば』岩波文庫）はよく知られている。

⑩『父母恩重経《ぶもおんじゅうきょう》』

中国で作られたお経で、父母の恩の広大なことを説いたものである。

⑪『盂蘭盆経《うらぼんぎょう》』

餓鬼道《がきどう》に堕《お》ちた目連《もくれん》（釈尊の弟子）の母を救い出すというテーマの話である。餓鬼道に堕ちた原因を息子に知らせることによって、親の恩がいかに大きいかを教える筋立てになっている。

## 三　よく唱えられる真言・陀羅尼

日本の仏教は浄土真宗を除いて、真言密教の影響があるといわれる。このため、真言・陀羅尼《だらに》には関係なさそうな浄土宗でも唱えられる。

真言とは呪《じゅ》・神呪《しんじゅ》のことで、仏・菩薩の徳や教えの意味などが込められた秘密の言葉で、これを唱えれば願いもかなない、即身成仏できるといわれるもので



**❖ことば❖密教《みっきょう》**

顕教《けんぎょう》に対する言葉で、秘密教の略称。インドに七世紀、『大日経』と『金剛頂経』の出現したことにより、思想と実践の体系が完成された。大日如来《だいにちにょらい》の奥深い世界を説いたもので、凡夫《ぼんぷ》には知りえない深遠な世界である。日本では真言宗の東密《とうみつ》と天台宗の台密《たいみつ》の二つの流れがある。

**❖ことば❖居士《こじ》**

サンスクリット語ではグリハパティで、家主《やぬし》という意味。商工業にかかわる資産家のことを指した。仏教に入り、在家《ざいけ》のままで仏教に入ったものをいうようになった。戒名《かいみょう》につける称名《しょうみょう》にもなっている。

ある。陀羅尼とはサンスクリット語のダーラニーで保持するという意味で、修行者が教えを心に保持し、忘れないようにする能力、あるいは修行者を守る力のある言葉のことである。真言は陀羅尼ともいわれる。

最もよく唱えられる真言は「光明真言《こうみょうしんごん》」で、大日如《だいにちにょ》来《らい》の真言といわれる。この外、「不動明王《ふどうみょうおう》の真言」や「阿弥陀如来根本陀羅尼《あみだにょらいこんぽんだらに》」はよく知られる。

禅宗では興味深いことに、「大悲心陀羅尼《だいひしんだらに》」が読まれる。一説にはこれを唱えると心が静まり、瞑想を深める手立てになるともいわれる。「消災妙吉祥《しょうさいみょうきちじょう》陀羅尼《だらに》」も読まれる。

## 四　日本で成立したお経

前のところでも言及したが、私たち日本人にとって、厳密な意味ではお経とはいいがたいが、今の私たちの感覚からすると、お経といってもよいものがつくられた。その一つが『正信念仏偈《しょうしんねんぶつげ》』である。また、曹洞宗では明治時代、人々に教えをよりよく理解してもらうために、『修証義《しゅしょうぎ》』がつくられた。よく読まれるものなので、この二つについて、簡単に説明を加えておきたい。

### ❶『正信念仏偈《しょうしんねんぶつげ》』

親鸞《しんらん》の大著『教行信証《きょうぎょうしんしょう》』の行巻の終わりに見られるもので、親鸞の宗教世界、あるいは浄土真宗の世界を簡潔に知ることができる偈《げ》である。『正信念仏偈』は大別すると、二つの部分より成っている。前半は『無量寿経《むりょうじゅきょう》』に明かされた信心の世界が説かれている。すなわち、釈尊をはじめとして諸仏がこの世に出現したのは、阿弥陀仏《あみだぶつ》の本願を説くためだとし、さらに阿弥陀仏の本願こそ、われわれ凡夫《ぼんぶ》の能力にかなったものだとしている。後半はこの考えをふまえて、七高僧の教えと徳を讃える部分より成っている。ちなみに七高僧とはインドの龍樹《りゅうじゅ》・天親《てんじん》、中国の曇鸞《どんらん》・道綽《どうしゃく》・善導《ぜんどう》、日本の源信《*げんしん》・法然《ほうねん》のことである。

❷『修証義《しゅしょうぎ》』

正式の名は、『曹洞教会修証義《そうとうきょうかいしゅしょうぎ》』で、道元の『正《しょう》法眼蔵《ぼうげんぞう》』より曹洞宗の教えを取り出したものである。

第一章　総序《そうじょ》、第二章　懺悔滅罪《さんげめつざい》、第三章　受《じゅ》戒入位《かいにゅうい》、第四章　発願利生《ほつがんりしょう》、第五章　行持報恩《ぎょうじほうおん》からなり、成仏得道《じょうぶつとくどう》や安心《あんじん》への道が説かれている。生死《しょうじ》を見究めることの大切さが強調されている。

❖ひと❖源信《げんしん》

（九四二―一〇一七）天台宗の学僧。比叡山の横川《よかわ》の恵心院《えしんいん》に住んだことより、恵心僧都《えしんそうず》ともいわれる。『往生要集《おうじょうようしゅう》』を著《あらわ》し、地獄の怖さと、浄土の素晴らしさを著し、法然や親鸞の信仰への道を開いた。この外の著作として、『一乗要決《いちじょうようけつ》』や『観心《かんじん》略要集《りゃくようしゅう》』などがある。

❖コラム❖念仏

浄土宗の教えは口に南無阿弥陀仏《なむあみだぶつ》と称《とな》えれば、すべてよしというものである。浄土宗の高僧の講演で、誰にでもできる素晴らしい教えだと聞いたことがある。熱がこもり、よい講演であったが、一人の青年が手を上げ、「南無阿弥陀仏と称えることができない、耳の不自由な、口のきけない人はどうしたらよいでしょうか。救われないのでしょうか」と質問した。一瞬、会場がしいんとなったのを覚えている。しかし、納得する答えをいただけなかったように記憶している。

私は救われると思う。南無阿弥陀仏と心の中で一心に念ずることも、称えることに通ずる行為だと思うし、書くことだってそうだと思う。仏の本願とは広大無辺で、かえってそのように一心に仏を求める人を、仏はことのほか愛《いと》おしんでくださるようにも感ぜられるのである。

# 第二章 宗派の教えとお経

## 一 天台宗

### ❖概略

天台宗は、*最澄《さいちょう》により日本に伝えられ、開かれた宗派で、比叡山延暦寺《ひえいざんえんりゃくじ》を中心とする。天台、真言密教、禅、念仏などさまざまな教えが行われている。鎌倉仏教を生みだし、日本仏教の一つの大きな流れの源《みなもと》でもある。

### ❖教え

天台宗の教えといっても、中国の天台宗と日本の天台宗とは根本を流れるものは同じでも、現れてくる姿はだいぶ異なるところがある。天台宗という宗派は中国の天台大師智顗《ちぎ》という人物により開かれたものである。彼は三つの大きな書物を残している。それは『天台三大部《てんだいさんだいぶ》』といわれるもので、『法華玄義《ほっけげんぎ》』『法華文句《ほっけもんぐ》』『摩訶止観《まかしかん》』のことである。

前者の二つは『法華経』の注釈書である。最後の『摩訶止観』は天台の瞑想《めいそう》の書である。これらの書物の中に、天台教学の精華《せいか》である「一念三千《いちねんさんぜん》」「一心三観《いっしんさんがん》」「四種三昧《ししゅざんまい》」という考えが示されている。

ちなみに「一念三千」とは私たち凡夫《ぼんぶ》の一念の中に、地獄《じごく》・餓鬼《がき》・畜生《ちくしょう》・阿修羅《あしゅら》・人間《にんげん》・天《てん》・声聞《しょうもん》・縁覚《えんがく》・菩薩《ぼさつ》・仏《ぶつ》などさまざまな要素、具体的には三千の要素が含まれているというものである。

「一心三観」とは天台の瞑想法で、私たちのどのような一念も、因と縁により生じているから「空」であり、実際には仮に姿を現しているから「仮」であり、またそういうことに目覚めることが「中」であるという観想を同時に行うことである。

「四種三昧」とは四つの三昧法（瞑想法）で、

①常坐《じょうざ》三昧（九十日間、坐って修行する三昧）

②常行《じょうぎょう》三昧（九十日間、阿弥陀仏の周りを歩きながら、阿弥陀仏の名を称える三昧）

③半行半坐《はんぎょうはんざ》三昧（半分仏像の周りを歩き、半分坐って修行する三昧）

④非行非坐《ひぎょうひざ》三昧（前記の三昧以外のもの）

のことである。

鎌倉時代に禅宗が誕生したのは常坐三昧が、浄土宗や浄土真宗が誕生したのは常行三昧が、日蓮宗が誕生したのは法華三昧ともいわれる半行半坐三昧が、比叡山の行法の中にあったからだと考えることができる。天台大師智顗の教えとは、『法華経』の思想と瞑想法の実践にあったということができる。

では、日本に天台宗を伝えた最澄の教えとはいかなるものであろうか。あるいは、何を強調したかったのであろうか。このことは最澄が命がけで論争した徳一《とくいち》との教学上の論争に知ることができる。最澄の著作はおおよそ、三分の二は徳一との論争に関わったものと考えることができる。最澄は『法華経』の立場より、声聞乗も縁覚乗も菩薩乗もすべて一乗《いちじょう》に帰するというのである。すなわち、誰もが最終的には仏になることができるという一乗思想の立場を主張した。

**❖ひと❖最澄《さいちょう》**

（七六七―八二二）日本天台宗の祖。近江《おうみ》に生まれる。十四歳で出家した。やがてすべてのものが成仏《じょうぶつ》できるという一乗《いちじょう》思想に傾倒《けいとう》し、比叡山に一乗止観院《いちじょうしかんいん》を建てた。その後、唐に渡り、天台宗、密教、禅、戒を伝える。法相宗《ほっそうしゅう》の僧・徳一《とくいち》と宗教上の論争を展開したことは有名。著作としては『法華秀句《ほっけしゅうく》』や『顕戒論《けんかいろん》』がある。

これに対して、法相宗《ほっそうしゅう》の僧であった徳一は声聞乗も縁覚乗もそれにふさわしい宗教的境地に達するものの、究極の宗教的境地には至らず、菩薩乗だけが究極的な境地に至り、仏となれると主張した。そして、五性各別《ごしょうかくべつ》という考えをだして、人間を五種類に分類し、

①菩薩定性《ぼさつじょうしょう》（究極的な境地に至ることが定まっているもの）
②縁覚定性《えんがくじょうしょう》（縁覚の境地に至ることが定まっているもの）
③声聞定性《しょうもんじょうしょう》（阿羅漢《あらかん》の境地に至ることが定まっているもの）
④不定性《ふじょうしょう》（前の三つのうちのどれに至るかまだ定まっていないもの）
⑤無性《むしょう》（永遠に迷い、救われないもの）

とした。

この論争の中で、最澄は声聞乗も縁覚乗も菩薩乗もすべて一乗に帰する、すなわち誰もが仏道修行さえすれば、仏になれるのだという考えを、『法華経《ほけきょう》』の考えに基づき、くりかえし強調しているので、彼の拠《よ》り所《どころ》が『法華経』だと知られてくる。

### ❖所依《しょえ》（拠《よ》り所《どころ》）のお経

このように見てみると、天台宗の所依《しょえ》のお経の中心が『法華経』であることは誰にも頷《うなず》かれてくる。しかも、『法華経』の持つ、すべての教えは結局『法華経』の説く一つの教え（一乗）に収まっていく、という包括《ほうかつ》的《てき》な考え方によって、さまざまなお経が読まれることにもなってくる。また、このことが、日本の天台宗の中心の比叡山から、鎌倉仏教というものが誕生してくる一つの原因にもなってきている。

ちなみに、今、天台宗で広く読まれているお経をあげれば、『般若心経《はんにゃしんぎょう》』、『法華経』の「如来寿量品《にょらいじゅりょうほん》自《じ》

我偈《がげ》」、『法華経』の「観世音菩薩普門品《かんぜおんぼさつふもんぼん》」の偈《げ》、『十句《じっく》観音経《かんのんぎょう》』、「十如是《じゅうにょぜ》」、「円頓章《えんどんしょう》」、「舎利礼文《しゃりらいもん》」、「本《ほん》覚讃《がくさん》」、『菩薩戒経《ぼさつかいきょう》』の偈《げ》などたくさんある。

## 二　真言宗

### ❖概略

真言宗は、*空海《くうかい》により伝えられ、開かれた真言密教の宗派である。多くの派が存在する。思想的に、日本の仏教に大きな影響を与えている。高野山《こうやさん》と東《とう》寺《じ》がさまざまな意味で、中心的存在である。

### ❖教え

密教は空海以前にも日本に伝わっていたが、本格的密教を伝えたのは空海である。最澄《さいちょう》が伝えた密教を台密《たいみつ》というのに対し、空海のそれを東密《とうみつ》という。

中心の仏は大日如来《だいにちにょらい》である。空海の真言密教の世界がよく示されているものとして、『即身成仏義《そくしんじょうぶつぎ》』がある。それを通して、彼の密教の世界を見てみたい。

中心の仏・大日如来の世界の構造について、彼は頌《じゅ》によって、

六大無礙《ろくだいむげ》にして常《つね》に瑜伽《ゆが》なり、（物質的要素、空間、精神的要素が何の障《さわ》りもなく入り込み、しかも常に禅定《ぜんじょう》、すなわち安定した瞑想状態にある）**体**

四種曼荼各々《ししゅまんだおのおの》離れず、（四種の曼荼羅《まんだら》は融合し一つとなり、別々ではない）**相**

三密加持《さんみつかじ》すれば速疾《そくしつ》に顕《あら》わる、（三密加持を実践すれば、速やかに即身に成仏する）**用**

**❖ひと❖空海《くうかい》**

（七七四―八三五）日本の真言宗の祖。讃岐《さぬき》に生まれる。十八歳の時に『三教指帰《さんごうしいき》』を著《あらわ》し、三十一歳の時、唐に渡り、青竜《しょうりゅう》寺《じ》の恵果《けいか》などから密教を学んだ。後に高野山と東寺を賜《たまわ》り、密教の根本道場とした。六十二の時、高野山で入定《にゅうじょう》。著作として、『十住心論《じゅうじゅうしんろん》』や『即身成仏義《そくしんじょうぶつぎ》』など多数ある。

重《じゅう》重《じゅう》帝網《たいもう》なるを即身《そくしん》と名《な》づく(すべては相即して
無礙《むげ》であるから、凡夫《ぼんぶ》はそのままで仏と一つである)

**無礙**

と述べている。

六大とは、地大・水大・火大・風大・空大・識大である。地・水・火・風の各々の大(要素という意味)は物質的要素、空大は空間、識大は精神的要素のことである。

さらに、この六大はものをよく生み出すものであるとし、次の頌《じゅ》で、

能く随類形《ずいるいぎょう》の　諸法と法相と
諸仏と声聞と　救世《くせ》の因縁覚と
勤勇《ごんにゅう》と菩薩衆とを生ず　および人尊もまた然り
衆生・器世界　次第にして成立す
生住等の諸法　常恒にかくのごとく生ず

と述べている。

これは『大日経』に見られる偈《げ》であるが、結局、六大がありとあらゆるもの、諸仏も菩薩も衆生も世界も生み出す。すなわち、宇宙が六大によって造られているというものである。

もっと論を進めれば、生み出すものと生み出されたものとの区別はなく、六大即大日如来の世界が現れてくるのである。

すべてが仏、私たちも仏でありながら、実際には迷い、悩み、苦しんでいる。では、どのようにしたら、そこから抜け出られるかということになる。それは「三密加持すれば速疾に顕わる」に見られるごとく、三密加持によってできる。『即身成仏義』はそのことに言及して、

加持とは、如来の大悲と衆生の信心とを表す。
仏日の影衆生の心に顕現するを「加」とし、行者
の心水よく仏日を感ずるを「持」と名づく。(加持
とは、如来の大悲と生けるものの信心を表している。

仏の日の影が生けるものの心の水に現れることを「加」、行者の心の水に仏の日を感ずることを「持」という）

と記している。三密とは大日如来の身・口・意（心）の働きのことで、奥深いから密といわれる。他方、衆生（行者）にも身・口・意の三つの働き（三業）がある。如来への信心を持って、手に印を結び、口に真言を唱え、心に仏を念ずると、如来の三密が行者に顕わになり、速疾に仏を感得できると、すなわち即身成仏できるとしている。

ちなみに、加持の「加」とは如来の働きが加わることであり、「持」とは衆生がその働きを持つということである。

このように見てくると、真言宗の教えは、宇宙そのものである大日如来に、衆生が三密加持を実践することにより、即身に仏に成ることができる教えだといえよう。

### ❖所依のお経

真言密教であるから、拠り所となるお経はさまざまな密教のお経である。

真言密教においては、大日如来の理性（悟りそのもの）の世界は胎蔵界《たいぞうかい》＊曼荼羅《まんだら》で、智慧の世界は金剛界《こんごうかい》曼荼羅で表現されている。そして、前者は『大日経《だいにちきょう》』、後者は『金剛頂経《こんごうちょうぎょう》』が重要な拠り所となっている。しかし、実際には『般若心経《はんにゃしんぎょう》』『観音経《かんのんぎょう》』『理趣経《りしゅきょう》』「舎利礼文《しゃりらいもん》」「光明真言《こうみょうしんごん》」「阿弥陀如来根本陀羅尼《あみだにょらいこんぽんだらに》」などが読まれている。

**❖ことば❖曼荼羅《まんだら》**

サンスクリット語のマンダラの音写。仏の悟りの境地を表したもので、礼拝の対象でもある。曼荼羅を造る壇には仏・菩薩が充満しているから、聚集《じゅじゅ》とも訳される。大日如来の智慧を表した金剛界曼荼羅と理性（悟りそのもの）を表した胎蔵界曼荼羅はよく知られる。

# 三　禅宗

**❖概略**

禅宗は日本には三つの宗派が伝えられている。一つは＊栄西《ようさい》の伝えた臨済宗《りんざいしゅう》、二つは＊道元《どうげん》の伝えた曹洞《そうとう》宗《しゅう》、三つ目は＊隠元《いんげん》の伝えた黄檗宗《おうばくしゅう》である。

ここでは特に曹洞宗に視点をあて考察してみたい。臨済宗の禅は看話禅《かんなぜん》、すなわち＊公案《こうあん》を手掛かりに悟りの世界に向かうのに対し、曹洞宗の禅は只管打坐《しかんたざ》、すなわちただ坐ることを修行の特徴とする。永平寺《えいへいじ》と総持寺《そうじじ》を大本山としている。

**❖教え**

道元の禅の教えは『正法眼蔵《しょうぼうげんぞう》』という書物に見ることができる。しかし、宗派の教えを手短かに知るには、明治時代に曹洞宗より出された『曹洞教会修証義《そうとうきょうかいしゅしょうぎ》』が便利である。

道元の教えは『弁道話』の中に、

　仏法におほくの門あり、なにおもてかひとゑに坐禅をすゝむるや。しめしていはく、これ仏法の正門なるおもてなり。

と述べられているごとく、坐禅を仏道の正門としている。また『正法眼蔵随聞記《しょうぼうげんぞうずいもんき》』の中にも、

　仏道修行の最も大切なことは、坐禅である。大宋の多くの人が道を得ることができたのは、坐禅の力であった。才能のない、愚かな人も、坐禅を専《もっぱ》らにすれば、よく勉強した聡明な人に勝って、道を得ることができる。そうであるから、仏道修行の人は只管打坐《しかんたざ》して、外のことを修行してはならない。仏祖への道はただ坐禅である。

とも述べている。ただ坐禅を実践していくことこそ、仏への道だと強調している。

**❖ひと❖栄西《ようさい》**

（一一四一―一二一五）日本の臨済宗の祖。備中《びっちゅう》（岡山）に生まれる。十九歳の時、比叡山で学ぶ。二度、入宋し、二度目の時、天台山万年寺で虚庵懐敞《きあんえしょう》より、臨済宗の禅を学び、印《いん》可《か》（悟得《ごとく》の証明）を受けた。京都に建仁寺《けんにんじ》を開創《かいそう》し、禅・真言・天台の道場とした。著作として『興禅護国論《こうぜんごこくろん》』などがある。

**❖ひと❖道元《どうげん》**

（一二〇〇―五三）日本の曹洞宗の祖。比叡山で学び、後に栄西に師事した。入宋し、天童山《てんどうさん》の如浄《にょじょう》より曹洞の法を受けた。深草《ふかくさ》に興聖寺《こうしょうじ》を建てた。寛元《かんげん》元年（一二四三）、波多野義重《はたのよししげ》に越前《えちぜん》に招かれ、その地に永平寺《えいへいじ》を創建した。著作に『正法眼《しょうぼうげん》蔵《ぞう》』、『普勧坐禅儀《ふかんざぜんぎ》』などがある。

**❖ひと❖隠元《いんげん》**

（一五九二―一六七三）日本の黄檗宗の開祖。明《みん》の福建省《ふっけんしょう》の人。黄檗山で参禅し、四十七歳で印可《いんか》を受けた。六十三歳の時に日本に来る。徳川家綱より、宇治《うじ》の地を賜《たまわ》り、万福寺《まんぷくじ》を建立した。著作として、『黄檗語録《おうばくごろく》』などがある。

他方、道元は『衆寮清規』、『知事清規』、『赴粥飯法《ふしゅくはんぽう》』といった修行生活の細々した規則を、特に『赴粥飯法』に至っては、細々した食事作法まで定めている。例えば「頭顔に触れた手で、まだ手を洗わないなら、粥の器や粥にふれてはいけない」とか「粥をお粥といいなさい」とか決められている。禅をもっぱらにするための手段と考えられるが、禅の教えの一つの面を見る思いがする。

　このように坐禅を強調する道元ではあるが、徹底的に仏にまかせていくということも説いている。『正法眼蔵』の生死《しょうじ》の巻には、

**❖ことば❖公案《こうあん》**

悟りを開かせるために、祖師《そし》などからいただく問題、または問答。私案ではなく、祖師などからいただくために公案といわれる。公案は千七百則にのぼるといわれるが、「狗子仏性《くしぶっしょう》」の公案や、「隻手《せきしゅ》の音声《おんじょう》」の公案は有名である。

ただわが身をも心をも、はなちわすれて仏のいへになげいれて、仏のかたよりおこなはれて、これにしたがひもてゆくとき、ちからもいれず、こころをも、ついやさずして、生死をはなれ仏となる。

と記されている。すなわち、坐禅をする人が身も心も仏にまかせ、仏のなすがままにしていけば、とらわれを離れ、自《おの》ずと生死の迷いの世界から離れ、仏に成れるとしている。興味深いことは、この宗教的世界は親鸞《しんらん》の絶対他力とまったく同じだということである。

このように見てくると、道元の、ひいては曹洞宗の教えとは日常の生活をよく律し、ひたすらただ坐禅を実践していくという教えだということができよう。

### ❖所依のお経

道元、ならびに曹洞宗の教えは坐禅をなし、さまざまなとらわれを離れ仏になるというものであるから、そういったことを説く『般若心経《はんにゃしんぎょう》』などがよく読まれる。この外、『観音経《かんのんぎょう》』とか『大悲心陀羅尼《だいひしんだらに》』などが、あるいは『修証義《しゅしょうぎ》』もさまざまな儀式の場面で読まれる。

## 四　浄土宗

### ❖概略

浄土宗は、*法然《ほうねん》によって開かれた宗派で、知恩院《ちおんいん》を総本山とする。口に南無阿弥陀仏《なむあみだぶつ》と称《とな》えれば、誰でも西方極楽浄土《さいほうごくらくじょうど》に往生《おうじょう》でき、救われるという教えである。浄土真宗《じょうどしんしゅう》を開いた親鸞《しんらん》は法然の弟子の一人である。

### ❖教え

法然の生きた時代は、末法《まっぽう》・五濁悪世《ごじょくあくせ》といわれる時代である。末法とは仏教の歴史観で、仏教を修行する人も、悟りを得る人もいなくなり、ただ教えのみが存在する時代のことである。五濁悪世とは五つの濁《にご》りのある悪い世という意味で、五濁とは、

①劫濁《こうじょく》（時代や社会の汚れ）
②見濁《けんじょく》（誤った思想、見方）
③煩悩濁《ぼんのうじょく》（煩悩が人に盛んになる）
④衆生濁《しゅじょうじょく》（衆生の資質が低下すること）
⑤命濁《みょうじょく》（寿命が短くなる）

のことである。

そして、このような時代の中にあって、如何にしたら人は救われるかと考えた一人が法然であった。法然は『選択本願念仏集《せんちゃくほんがんねんぶつしゅう》』の中で、

> もし造像起塔を本願とするなら、貧窮困乏の者は往生の望みをまったく絶たれる。しかし現実には、富貴の者は少なく、貧賤の者が非常に多い。もし智慧高才を本願とするなら、愚鈍下智の者は往生の望みをまったく絶たれる。しかし現実には、智慧のある者は少なく、愚痴の者が非常に多い。もし多聞多見を本願とするなら、少見少聞の者は往生の望みをまったく絶たれる。しかし現実には、多聞多見の者は少なく、少聞の者が非常に多い。もし持戒持律を本願とするなら、破戒無戒の人は往生の望みをまったく絶たれる。しかも現実には、持戒の者は少なく、破戒の者が非常に多い。

**❖ひと❖法然《ほうねん》**
（一一三三―一二一二）浄土宗の開祖。美作《みまさか》（岡山）に生まれる。比叡山に登り、十五歳で出家、受戒している。四十三歳の時、唐の善導《ぜんどう》の『観経疏《かんぎょうしょ》』の一文により、口に南無阿弥陀仏《なむあみだぶつ》と称《とな》えれば往生できるという専修念仏《せんじゅねんぶつ》の信仰を確立する。著作に『選択本願念仏集《せんちゃくほんがんねんぶつしゅう》』がある。

と述べている。すなわち、大多数であった貧窮困乏の者、愚鈍下智の者、少見少聞の者、破戒無戒の者は如何にしたら、救われるかということを法然が考えていたことが知られる。そして、求道《ぐどう》の末、法然は唐の善導《ぜんどう》の著わした『観経疏《かんぎょうしょ》』の、

　一心にもっぱら阿弥陀仏の名号を称え、行《ぎょう》・住《じゅう》・坐《ざ》・臥《が》に、時間の長い短いを問わず、常に忘れない。これを正定業《しょうじょうごう》という。というのは、これはこの阿弥陀仏の願《がん》にかなっているからである。

の一文に遭遇し、口に南無阿弥陀仏と称えれば極楽に往生できるという確信に至る。すなわち、この時、浄土宗の教えが確立されたわけである。では、なぜ、このような教えに至ることができたのであろうか。理論的には次のような三度の選択をしている。

聖道門《しょうどうもん》（自力で悟りの世界に入る門）と浄土門《じょうどもん》（仏の力により浄土に生まれ、悟りを開く門）の内、まず聖道門を差し置いて、浄土門を選んでいる。次に浄土門に入るために、正行《しょうぎょう》（『浄土三部経』の読誦《どくじゅ》・阿弥陀仏と浄土の観察・阿弥陀仏を礼拝《らいはい》すること・阿弥陀仏の名を称えること・阿弥陀仏を讃歎すること）と雑行《ぞうぎょう》（正行以外のすべての行）の内、雑行を抛《なげう》って、正行を選んでいる。そして、最後に正行の中の正定業《しょうじょうごう》（阿弥陀仏の名を称えること）と助業《じょごう》（阿弥陀仏の名を称えること以外の正行）の内、助業を傍《かたわ》らにして、正定業を選んでいる。すなわち、南無阿弥陀仏と称えることを選びとっている。

では、なぜ阿弥陀仏の名を選んだのだろうか。『選択本願念仏集』は、

　念仏は称えやすい。このためすべてに開かれている。しかし、さまざまな行（諸行）は修行するのが難しい。このためすべてには開かれていない。

と答えている。すなわち、誰にでもできる行だから、

選んだということである。この選択は法然の選択ではなく、実は阿弥陀仏の選択、つまり阿弥陀仏の本願に裏づけられたものだということである。

　このように見てくると、浄土宗の教えとは、口に南無阿弥陀仏と称えれば、極楽に往生し、救われるというものだと知られる。

### ❖所依のお経

　浄土宗の所依のお経は阿弥陀仏のことが説かれている『浄土三部経』（『無量寿経』・『観無量寿経』・『阿弥陀経』）である。しかし、伝統的には、これらのお経の内、浄土宗は『観無量寿経』を重視しているといわれる。

## 五　浄土真宗

### ❖概略

　浄土真宗は、*親鸞《しんらん》によって開かれた宗派で、東西本願寺をはじめとして十派あるとされている。阿弥陀仏にまかせきる絶対他力を強調することと、悪人《あくにん》正機説《しょうきせつ》などを特徴とする。



### ❖教え

　親鸞は寛喜《かんぎ》三年（一二三一）、五十九歳の時、病気になり、高熱でふしていた。その時、親鸞は『無量寿経』をそらで読み、目を閉じてもその文字を一字残さず見ることができた。阿弥陀仏にまかせる信心だけでよいのに、一体、これはなんであろうかと考えてしまう。よく考えてみると、十七、八年前に上野国《こうずけのくに》の佐貫《さぬき》で、衆生利益のために、『浄土三部経』を読もう

**❖ひと❖親鸞《しんらん》**

（一一七三―一二六二）浄土真宗の開祖。日野有範《ひのありのり》の子。慈円《じえん》のもとで出家し、比叡山に登る。二十九歳の時、吉水《よしみず》の法然《ほうねん》の門に入る。念仏弾圧のおり、師、法然と共に罪を得、越後《えちご》に流される。そこで恵信尼《えしんに》と結婚し、赦免《しゃめん》後は関東に移る。六十三で京に帰る。著作に『教行信証《きょうぎょうしんしょう》』がある。

とした時の自力の心の残りだと気が付き、親鸞はびっくりして、反省する。

これは恵信尼《えしんに》の手紙に見られる話である。この話より、親鸞の信仰とは、自分の力(自力)で救われるのではなく、阿弥陀仏にすべてまかせ、救っていただく*絶対他力《ぜったいたりき》のそれだと知られる。例えば、親鸞の言葉を記した『歎異抄《たんにしょう》』には、

弥陀の本願には、老少・善悪のひとをえらばれず、たゞ信心を要とするとしるべし。(阿弥陀仏の本願には、老いも若きも、善人も悪人もすべてわけへだてはない。ただ、仏の本願におまかせする信心だけを、救いにあずかる要としていると、知るべきである)

と記されている。絶対他力、信心の強調は良い日時や占いを否定することにもなってくる。そういったものにとらわれている、多くの人々を悲しみ、親鸞は次のような『和讃《わさん》』を詠《よ》んでいる。

かなしきかなや道俗の
良時吉日えらばしめ
天神地祇をあがめつゝ
卜占祭祀つとめとす

では、阿弥陀仏におまかせする信心をいただくと、一体、どのような宗教的境地が開かれてくるのであろうか。『歎異抄』には、

念仏者は無碍《むげ》の一道なり。(念仏とは、決してなにものにも妨げられない悟りへの道である)

と記されている。信心をいただいた者は、とらわれのない無礙な道を歩むことができるとしている。そして、晩年には「自然法爾《じねんほうに》」という境地を説くに至っている。『和讃』の中で、自然法爾について、

自然の自とはおのずからということで、行者のはからいでないということです。然とはそのようにさせるということで、やはり行者のはか

らいではないということです。法爾というのは如来のお誓いですから、そのようにさせるということを法爾というのです。法爾である如来のお誓いの中につつまれるため、すべての行者ははからわなくなり、そうであるから、他力とは義の捨てられたところが義と知るべきなのです。

と語っている。ここには、阿弥陀仏にまかせ切った、とらわれ、はからいのない親鸞の晩年の境地が示されている。

　親鸞の教えのもう一つの特徴は「悪人正機」という考えである。普通の世界では努力をした善い人が優先的に救われると考える。ところが、救われる手立てをもたない人(悪人)を救ってこそ、仏の慈悲ではないかと親鸞は考えた。

　善人なをもて往生をとぐ、いはんや悪人をや。

あまりにも有名な言葉である。

　このように見てくると、親鸞の、ひいては真宗の教えとは阿弥陀仏にまかせ切る信心の教え、絶対他力の教えだといえよう。

### ❖所依のお経

　真宗の拠り所となるお経は浄土宗同様、『浄土三部経』である。しかし、伝統的にはこれらのお経の内、『無量寿経』を重視しているといわれる。この外、真宗では親鸞の著した『正信念仏偈《しょうしんねんぶつげ》』が非常に大切にされている。

**❖ことば❖絶対他力《ぜったいたりき》**

親鸞の信仰の特徴で、阿弥陀仏にすべてまかすということ。正確にいえば、まかすという心さえ捨て、阿弥陀仏からたまわる信心により、阿弥陀仏の救いにあずかるというもの。親鸞の説く信心とは絶対他力であり、絶対他力とはこのような信心である。

# 六　日蓮宗

### ❖概略

日蓮宗は、*日蓮《にちれん》により開かれた宗派で、『法華経《ほけきょう》』を拠り所とするところから法華宗《ほっけしゅう》ともいわれる。身《み》延山《のぶさん》久遠寺《くおんじ》を総本山とする。

### ❖教え

建長八年（一二五六）以降、大火、大雨、大水、大風、地震といった天変地異が相次いで起こった。日蓮はその原因を究明すべく、『一切経《いっさいきょう》』を熟読する。そして、正しい教え（正法《しょうぼう》）である『法華経』が見捨てられ、邪宗（浄土宗など）を多くの人々が信仰しているからだという確信に至る。

この確信は『立正安国論《りっしょうあんこくろん》』にまとめられたが、逆にこれが日蓮にさまざまな迫害をもたらす。しかし、その迫害がかえって日蓮を法華の行者だという、あるいは釈尊から特別の命をいただいた上行菩薩《じょうぎょうぼさつ》だという確信に至らせ、ますます人々を救うべく、南無《なむ》妙法蓮華経《みょうほうれんげきょう》の教えを広めることになる。

では、なぜ日蓮は南無妙法蓮華経と唱えるのであろうか。『観心本尊抄《かんじんほんぞんしょう》』という著の中に、

釈尊の因行《いんぎょう》、果徳《かとく》の二法は、妙法蓮華経の五字に具足《ぐそく》す。我等、此の五字を受持《じゅじ》すれば、自然に彼《か》の因果の功徳《くどく》を譲り与へたまふ。（釈尊の因位の万行も果位の万徳も、すべて妙法蓮華経の五字に具足している。それゆえ、この五字を受持するなら、私たちは自然にかの因果の功徳が譲り与えられる）

とある。すなわち、妙法蓮華経の五文字に釈尊のすべての行、すべての徳が具足しているとしている。ということは、南無妙法蓮華経（『妙法蓮華経』に帰依すること）と信じ、唱えるなら、釈尊の救いと悟りの教えが譲り与えられてくるというものである。言い方

を換えれば、『法華経』の教えが妙法蓮華経の五文字に象徴化されているということである。

ここで『法華経』を信ずる人は間違いなく、成仏できるという日蓮の言葉を紹介しておきたい。「妙一《みょういち》尼御前《あまごぜん》御消息《ごしょうそく》」の言葉である。

法華経を信ずる人は冬のごとし。冬は必ず春となる。いまだ昔よりきかず、みず、冬の秋とかへれる事を。いまだきかず、法華経を信ずる人の凡夫《ぼんぷ》となる事を。経文には若有聞法者無一不成仏ととかれて候。（法華経を信ずる人は、冬の季節にあるようなものである。冬の次には必ず暖かな春が来る。冬が秋に戻ったということを聞いたことも見たこともない。それと同じように、法華経を信ずる人は凡夫に戻ることがない。法華経には、もし仏法を聞くならば、だれ一人として成仏しないということがない、と説かれている）

いずれにしても、南無妙法蓮華経と信じ、唱えるなら、釈尊の救いと悟りの教えが、譲り与えられ、個人も社会も安穏《あんのん》になるというのが、日蓮の、ひいては日蓮宗の教えといえよう。

### ❖所依のお経

日蓮宗は法華宗ともいわれるほどであるから、拠り所となるお経は『法華経』である。だから、『法華経』がすべて読まれる。しかし、特に読まれるものとしては「方便品《ほうべんぼん》」「提婆達多品《だいばだったほん》」「如来寿量品《にょらいじゅりょうほん》」「如来神力品《にょらいじんりきほん》」「観世音普門品《かんぜおんふもんぼん》」などをあげることができる。

**❖ひと❖日蓮《にちれん》**

（一二二二―八二）日蓮宗の開祖。安房《あわ》（千葉県）小湊《こみなと》に生まれる。十二歳の時、清澄寺《きよすみでら》にて出家得度。その後、比叡山などの諸寺に学び、『法華経』こそ仏一代の肝要と自覚して、やがて日蓮宗を開く。晩年は身延《みのぶ》に住んだ。著作に『立正安国論《りっしょうあんこくろん》』などがある。

## ❖コラム❖お経の読み方

お経はどのように読んだらよいであろうか。まず、ご本尊に向かって、身心を調《ととの》え、謙虚《けんきょ》な気持ちで唱えたいものである。多くの場合、お経は棒読みされていることが多い。しかし、それなりの声の調子とか、抑揚《よくよう》とかいうものがあるので、それらは法要の折など僧侶の読み方を聞き、身につけるのがよい。

お経の中には、節《ふし》をつけて読むものもある。いわゆる声明《しょうみょう》（仏前で仏・菩薩などを讃える歌詠）といわれるものである。日本ではその源には南都の寺、空海の真言宗密教、ならびに比叡山の流れをくむ三つがあるともいわれている。浄土宗の例をとれば、「六時礼讃《ろくじらいさん》」というものがあり、「めやす博士《はかせ》」というものに従って、節をつけて読んでいく。これは大変美しいもので、法然の生きた時代から人々を魅了してきた。身近な例だと、ここにあげた『正信念仏《しょうしんねんぶつ》偈《げ》』や『和讃《わさん》』などがある。

平らな博士は同じ音の高さで、右上がりのものは少しずつ音を高くして読んでいくといった具合である。これも基本的にはお寺さんから学ぶのが一番に思える。

和文の法語に関して、宗派に独特のリズムを伴って読んでいるものがある。『一枚起請文《いちまいきしょうもん》』などがその例で、法要などを通して学びたいものでる。

以下の例は『正信念仏偈』の最後の部分から、念仏をはさんで和讃に続くところである。



還《ゲン》來《ライ》生《ショウ》死《ジ》輪《リン》轉《デン》家《ゲ》

決《ケッ》以《チ》疑《ギ》情《ジョウ》爲《イ》所《ショ》止《シ》

速《ソク》入《ニュウ》寂《ジャク》靜《ジョウ》无《ム》爲《イ》樂《ラク》

必《ヒッ》以《チ》信《シン》心《ジン》爲《イ》能《ノウ》入《ニュウ》

弘《グ》經《キョウ》大《ダイ》士《ジ》宗《シュウ》師《シ》等《トウ》

拯《ジョウ》濟《サイ》无《ム》邊《ヘン》極《ゴク》濁《ジョク》惡《アク》

道《ドウ》俗《ゾク》時《ジ》衆《シュ》共《グ》同《ドウ》心《シン》

唯《ユイ》可《カ》信《シン》斯《シ》高《コウ》僧《ソウ》説《セツ》

初重

南无阿弥陀佛

南无阿弥陀佛

南无阿弥陀佛

南无阿弥陀佛

南无阿弥陀佛

南无阿弥陀佛

南

弥《ミ》陀《ダ》成《ジョウ》佛《ブツ》ノコノカタハ

イマニ十《ジッ》劫《コウ》ヲヘタマヘリ

法《ホッ》身《シン》ノ光《コウ》輪《リン》キハモナク

世《セ》ノ盲《モウ》冥《ミョウ》ヲテラスナリ

## ❖コラム❖毎日が地獄

恩師の仏教学者・玉城康四郎先生がこんなことを語られたのを印象深く覚えている。

「仏教者の命は仏からの働きを感ずることができるかどうかということです。いくら、仏教の文献が読めても、あるいはさまざまな知識があろうとも、仏からの働きを感ずることができないなら、それは仏教者ではない。僧侶であるなら、毎日がいっそう地獄なはずだ」

この頃はどこのお寺も立派になってきた。本堂の装飾も非常に美しい。でも最も大切なことは、そこに住む人たち、あるいはそこに集まる人たちが仏からの働き、救いの手を感ずることができるかどうかだと思う。いくら外側が立派でも、中の人間がそれを感じていなければ、中はガランドウだということである。「自我偈《じがげ》」（本書一五八頁所収）は仏が常に私たちに働きかけていることを教えている。仏教者たるもの、忘れてはならない大切なことである。

# 第二部
# 葬儀・法事で読まれるお経

# 懺《さん》悔《げ》文《もん》［偈《*げ》］

## 真言宗・天台宗・浄土宗・臨済宗・曹洞宗など

「懺悔文《さんげもん》」とは、自分が今までなしてきたさまざまな悪や罪をみ仏の前で懺悔《*さんげ》するという文で、「略懺《りゃくさん》悔《げ》」ともいわれます。み仏を迎え入れた後や葬式の最初に唱えます。懺悔して清らかな身と心になり、仏事に臨む、あるいは入滅《*にゅうめつ》させるというものです。この文は『華厳経《けごんぎょう》』の「普賢行願品《ふげんぎょうがんぼん》」にあるものを用いました。

**原文**

**我《が》昔《しゃく》所《しょ》造《ぞう》諸《しょ》悪《あく》業《ごう》**
**皆《かい》由《ゆー》無《むー》始《しー》貪《とん》瞋《じん》癡《ち》**
**従《じゅう》身《しん》語《ごー》意《いー》之《しー》所《しょ》生《しょう》**
**一《いっ》切《さい》我《がー》今《こん》皆《かい》懺《さん》悔《げ》**

**読み下し**

我《わ》れ昔《むかし》より造《つく》る所《ところ》の諸々《もろもろ》の悪業《あくごう》は、
皆《み》な無始《むし》の貪瞋癡《*とんじんち》に由《よ》る、
身《*しん》と語《ご》と意《い》より生《しょう》ずる所《ところ》なり。
一切《いっさい》我《わ》れ今《いま》皆《み》な懺悔《さんげ》したてまつる。

**現代語訳**

私たちが昔より造ってきた悪い行為は、皆、永劫《えいごう》の時からの貪《むさぼ》り、怒り（瞋）、愚痴《ぐち》（癡）によるもので、身体と言葉と意（心）の三つの行為を通し現れたものです。今、み仏の前に、すべてを懺《さん》悔《げ》します。

## ことば

**偈**《げ》＝梵語《ぼんご》のガーターの音写。伽陀《かだ》と書かれる。仏の徳を讃えたり、教義を述べたりする詩句のこと。

**懺悔**《さんげ》＝悔い改めること。

**入滅**《にゅうめつ》＝お釈迦さまや高僧などが死ぬこと。

**貪瞋癡**《とんじんち》＝貪《むさぼ》り・怒り・愚痴の三煩悩《ぼんのう》のこと。三毒《さんどく》ともいわれる。

**身語意**《しんごい》＝身体と口（語）と心（意）のこと。

## 解説

この「偈《げ》」の心を解くキーワードは、「貪《とん》・瞋《じん》・癡《ち》（痴）」と「懺悔《さんげ》」でしょう。

この貪・瞋・癡は三毒《さんどく》ともいわれ、人間の根本的な三つの煩悩《ぼんのう》を意味します。「貪」とはむさぼりのことであり、「瞋」とは憎しみ・怒りのことであり、「癡」とは智慧がなく、迷っている状態を指しています。

私たち人間は、さまざまな事柄で、悩んだり、苦しんだりしています。なぜ、そのような状態が生まれるかといえば、それは根本的な三つの煩悩のためなのです。

いっぽうで三毒は、私たちが生きていくのに大切な面もあります。

貪欲《どんよく》の一つと考えられる食欲がなければ、人間は生きていくことができないわけです。しかし、三つの煩悩が盛んになりすぎ、執着・怒りが激しくなりすぎると、悩まされ、苦しめられることになる。まさに毒になるのです。正しい判断などできなくなってしまいます。

そのような「貪・瞋・癡（痴）」を反省し、清らかな状態になって初めて、お経も素直に聞くことができるでしょう。そのために、まず最初に「懺悔」が必要なのです。

# 開《かい》経《きょう》偈《げ》

**真言宗・天台宗・浄土宗・臨済宗・曹洞宗・日蓮宗など**

「開経偈」とは経典を読む前に唱えられる偈文《げもん》で、多くの宗派で共通して用いられています。日蓮宗では、『法華経』の救いの趣旨も付け加えられています。仏教の講義、説法の前に唱えられることもあります。『法華経』の「随喜功徳品《ずいきくどくほん》」の文に基《もと》づき作られたと考えられますが、出典や作者は不明です。

**原文**

無《む》上《じょう》甚《じん》深《じん》微《み》妙《みょう》法《ほう》
百《ひゃく》千《せん》万《まん》劫《ごう》難《なん》遭《そう》遇《ぐう》
我《がー》今《こん》見《けん》聞《もん》得《とく》受《じゅー》持《じ》
願《がん》解《げ》如《にょ》来《らい》真《しん》実《じつ》義《ぎ》

**読み下し**

無上甚深微妙《むじょうじんじんみみょう》の法《ほう》は、
百千万劫《ひゃくせんまんごう》にも遭《あ》い遇《お》うこと難《かた》し。
我《わ》れ今見聞《いまけんもん》し*受持《じゅじ》することを得《え》たり。
願《ねが》わくは*如来《にょらい》の*真実義《しんじつぎ》を解《げ》したてまつらん。

**現代語訳**

この上なく深く妙《たえ》なる
教えにめぐりあうことは、
非常に難しいことです。
しかし、私は今、それを聞き、
拝受《はいじゅ》させていただきました。
このうえは、
どうぞ仏の真実の教えを理解
させてください。

## ことば

**受持**《じゅじ》＝拝受し、自分のものとすること。

**如来**《にょらい》＝真理より来た者という意味、仏のこと。

**真実義**《しんじつぎ》＝真実の教え。

**解説**

自分自身をよく反省し、懺悔《さんげ》し、素直な気持ちになって、いよいよお経が読まれ始めます。いわゆる教えが開かれるのです。しかし、その前に、まず教えを戴《いただ》き、教えに遭《あ》えることの歓喜の気持が「開経偈」という偈文《げもん》で表現されます。

この偈がいう「法」とは、サンスクリット語の「ダルマ」の訳です。規範、のり、仏教の教えなど、さまざまな意味があります。

もろもろの存在を諸法という形で用いることもあります。ここでの法とは、仏教の教えという意味です。非常に深遠《しんえん》で、遭《あ》うことが難しいもの、それは仏教の教え(法)なのです。だから「無上甚深微妙法」であり、「百千万劫」にも遭うことが難しいというのです。

確かに機が熟し、自分にぴったりの教えに遭遇《そうぐう》することは難しく、遭遇できたことは有り難いことといわなくてはなりません。

そして、偈はさらに、聞き、拝受した教えの真実を理解させてくださいと結んでいます。確かに素晴らしく、有り難い教えに遭遇しても、真実の意味が理解できなければ宝の持《も》ち腐《ぐさ》れだし、誤った方にもいってしまうわけで、このように結ばれるのもごく自然のことです。

# 仏説無量寿経《ぶっせつむりょうじゅきょう》　歎仏頌《たんぶつじゅ》［讃仏偈《さんぶつげ》］

**浄土宗・浄土真宗**

『無量寿経《むりょうじゅきょう》』の上巻に見られる四言《ごん》八十句《く》の偈《げ》で、浄土宗では「歎仏頌《たんぶつじゅ》」といい、浄土真宗では「嘆仏偈《たんぶつげ》」あるいは「讃仏偈《さんぶつげ》」とよびます。阿弥陀仏《あみだぶつ》が求道者《ぐどうしゃ》であった法蔵菩薩《ほうぞうぼさつ》の時、師である世自在王仏《せじざいおうぶつ》の前で、師を讃え、自らも師のようになり、人々を救いたいという決意を述べたものです。真宗では日常の勤《ごん》行《ぎょう》のみならず、新築家屋の上棟式《じょうとうしき》などにも読まれます。

**原文**

光《こう》顔《げん》巍《ぎー》巍《ぎー》
威《いー》神《じん》無《むー》極《ごく》
如《にょ》是《ぜー》燄《えん》明《みょう》
無《むー》与《よー》等《とう》者《しゃ》
日《にち》月《がっ》摩《まー》尼《にー》

**読み下し**

光顔巍巍《こうげんぎぎ》として、
威神《いじん》きわまりなし。
是《かく》の如《ごと》き燄明《えんみょう》、
ともに等《ひと》しきものなし。
日月《にちがつ》・*摩尼《まに》の

**現代語訳**

光り輝く師（世自在王仏《せじざいおうぶつ》）のお顔は神々《こうごう》しく、その威光《いこう》は極《きわ》まるところがない。
その光明は、すぐれ、他に比べるものがない。
太陽や月の光が、

珠《しゅー》光《こう》燄《えん》耀《にょう》
皆《かい》悉《しつ》隠《おん》蔽《ぺい》
猶《ゆう》若《にゃく》聚《じゅー》墨《もく》
如《にょー》来《らい》容《よう》顔《げん》
超《ちょう》世《せー》無《むー》倫《りん》
正《しょう》覚《がく》大《だい》音《おん》
響《こう》流《るー》十《じっ》方《ぽう》
戒《かい》聞《もん》精《しょう》進《じん》
三《さん》昧《まい》智《ちー》慧《えー》

珠光燄耀《しゅこうえんにょう》なるも、
皆《みな》悉《ことごと》く隠蔽《おんぺい》せられて、
猶《なお》し聚墨《じゅもく》のごとし。
如来《にょらい》の容顔《ようげん》は
世《よ》を超《こ》えて倫《ともがら》なし。
正覚《しょうがく》の大音《だいおん》、
響十方《ひびきじっぽう》に流《なが》る。
*戒《かい》・*聞《もん》・*精進《しょうじん》・
*三昧《さんまい》・*智慧《ちえ》の

---

また如意珠《にょいしゅ》や珠玉《しゅぎょく》の輝きが、
いかに激しく
輝いたとしても、
ことごとく覆《おお》い隠《かく》され、
墨《すみ》のかたまりのごとくである。
如来《にょらい》のお姿は、
この世の
すべてのものを超えて
比類がない。
悟《さと》りをえた師の声は
たからかに
十方に響《ひび》きわたる。
戒行《かいぎょう》と多聞《たもん》と精進《しょうじん》と
心身統一《しんしんとういつ》と智慧《ちえ》といった

## 原文

威《いー》徳《とく》無《むー》侶《ろー》
殊《しゅー》勝《しょう》希《けー》有《うー》
深《じん》諦《たい》善《ぜん》念《ねん》
諸《しょー》仏《ぶつ》法《ほっ》海《かい》
窮《ぐー》深《じん》尽《じん》奥《のう》
究《くー》其《ごー》涯《がい》底《てい》
無《むー》明《みょう》欲《よく》怒《ぬー》
世《せー》尊《そん》永《よう》無《むー》

## 読み下し

威徳《いとく》ともがら無《な》く
殊《しゅ》勝《しょう》希《け》有《う》なり。
*深諦《じんたい》として善《よ》く
諸仏《しょぶつ》の法海《ほっかい》を念じ、
深《じん》を窮《きわ》め奥《おう》を尽《つく》して
その涯底《がいてい》を究《きわ》む。
*無明《むみょう》と欲《よく》と怒《いか》りと
*世尊《せそん》に永《なが》く無《な》し。

## 現代語訳

威徳《いとく》は
他に比べるものがなく、
勝《すぐ》れたことは
たぐい希《ま》れである。
深く教えを探り、
諸仏の真理を念じ、
その深奥《しんおう》を
窮《きわ》め尽《つ》くし、
その奥底《おくそこ》を
究《きわ》めている。
無知と欲と怒りは、
師においては絶え、
尽きている。

人《にん》雄《のー》師《しー》子《しー》
神《じん》徳《とく》無《むー》量《りょう》
功《くー》勲《くん》広《こう》大《だい》
智《ちー》慧《えー》深《じん》妙《みょう》
光《こう》明《みょう》威《いー》相《そう》
震《しん》動《どう》大《だい》千《せん》
願《がん》我《がー》作《さー》仏《ぶつ》
斉《ざい》聖《しょう》法《ほう》王《おう》
過《かー》度《どー》生《しょう》死《じー》

人雄師子《にんのうしし》の、
神徳無量《じんとくむりょう》なり。
功勲広大《くくんこうだい》にして、
智慧深妙《ちえじんみょう》なり。
光明《こうみょう》の威相《いそう》、
大千《だいせん》を震動《しんどう》したまう。
願《ねが》わくは我《わ》れ作仏《さぶつ》して
*聖法王《しょうほうおう》に斉《ひと》しく、
生死《しょうじ》を過度《かど》して、

師は
人中《にんちゅう》の獅子《しし》のごとくで、
神徳《じんとく》は無量《むりょう》である。
功勲《いさお》は
広大《こうだい》で、
智慧《ちえ》は
深妙《しんみょう》である。
威徳の光明は、
大千世界《だいせんせかい》を震動《しんどう》させる。
願わくば、
私も仏となって、
おんみのような
法王《ほうおう》となり、
迷いの人々を救い、

## 原文

靡《みー》不《ふー》解《げー》脱《だつ》
布《ふー》施《せー》調《じょう》意《いー》
戒《かい》忍《にん》精《しょう》進《じん》
如《にょ》是《ぜー》三《さん》昧《まい》
智《ちー》慧《えー》為《いー》上《じょう》
吾《ごー》誓《せい》得《とく》仏《ぶつ》
普《ふー》行《ぎょう》此《しー》願《がん》
一《いっ》切《さい》恐《くー》懼《くー》

## 読み下し

*解脱《げだつ》せずということ靡《な》からん。
*布施《ふせ》と*調意《じょうい》と
戒《かい》と*忍《にん》と精進《しょうじん》と
是《かく》の如《ごと》きの三昧《さんまい》と
智慧《ちえ》を上《すぐ》れたりとす。
吾《わ》れ誓《ちか》う、仏《ほとけ》となりえて、
普《あまね》くこの*願《がん》を行《ぎょう》じて
一切《いっさい》の恐懼《くく》に、

## 現代語訳

解脱《げだつ》させられますように。
布施《ふせ》と
心の制御《せいぎょ》と
戒行《かいぎょう》と忍耐《にんたい》と精進《しょうじん》と
心の統一と
智慧《ちえ》をもって
最上の行とします。
私は誓う。
この願いをなし、
仏となって、
一切《いっさい》の苦難におびえる
人々に、

為《いー》作《さー》大《だい》安《あん》
仮《けー》使《しー》有《うー》仏《ぶつ》
百《ひゃく》千《せん》億《のく》万《まん》
無《むー》量《りょう》大《だい》聖《しょう》
数《しゅー》如《にょ》恒《ごう》沙《じゃー》
供《くー》養《よう》一《いっ》切《さい》
斯《しー》等《とう》諸《しょー》仏《ぶつ》
不《ふー》如《にょー》求《ぐー》道《どう》
堅《けん》正《しょう》不《ふー》卻《きゃく》

為《た》めに大安《だいあん》をなさん。
たとえ仏《ほとけ》ありて
百千億万《ひゃくせんおくまん》の
無量《むりょう》の大聖《だいしょう》、
数《かず》*恒沙《ごうじゃ》のごとくならんに、
一切《いっさい》のこれらの
諸仏《しょぶつ》を供養《くよう》せんよりは
道《みち》を求《もと》めて
堅正《けんしょう》にして卻《しりぞ》かざるにはしかじ。

大いなる安らぎを
あたえたい。
たとえ仏が、
世に百千万億、
無量《むりょう》にあって、
数が
ガンジス河の砂のように
あるとしても、
それら一切《いっさい》の
諸仏を
供養《くよう》するよりも、
悟《さと》りを求めて
決意固く
励《はげ》むことが大切である。

原文

譬《ひー》如《にょー》恒《ごう》沙《じゃ》
諸《しょー》仏《ぶっ》世《せー》界《かい》
復《ぶー》不《ふー》可《かー》計《げー》
無《むー》数《しゅー》刹《せつ》土《どー》
光《こう》明《みょう》悉《しっ》照《しょう》
徧《へん》此《しー》諸《しょー》国《こく》
如《にょ》是《ぜー》精《しょう》進《じん》
威《いー》神《じん》難《なん》量《りょう》

読み下し

譬《たと》えば恒沙《ごうじゃ》のごとくなる
諸仏世界《しょぶつせかい》、
また不可計《ふかけ》の
無数《むしゅ》の刹土《せつど》ありて、
光明《こうみょう》ことごとく照《て》らして
此《こ》の諸《もろもろ》の国《くに》にあまねからん。
是《かく》の如《ごと》く精進《しょうじん》にして、
威神《いじん》はかり難《がた》からん。

現代語訳

たとえ
ガンジス河の砂の数ほどの
諸仏の世界があり、
また数え切れない数の
無数の国土が
あったとしても、
それらのすべての国々に
光明を
放ち照らすであろう。
かくのごとく
努力、精進して、
無量の威神力《いじんりき》をそなえたい。

令《りょう》我《がー》作《さー》仏《ぶつ》
国《こく》土《ど》第《だい》一《いち》
其《ごー》衆《しゅ》奇《きー》妙《みょう》
道《どう》場《じょう》超《ちょう》絶《ぜつ》
国《こく》如《にょ》泥《ない》洹《おん》
而《にー》無《むー》等《とう》雙《そう》
我《がー》当《とう》哀《あい》愍《みん》
度《どー》脱《だつ》一《いっ》切《さい》
十《じっ》方《ぽう》来《らい》生《しょう》

我《わ》が作仏《さぶつ》の
国土《こくど》をして第一《だいいち》ならしめん。
その衆奇妙《しゅきみょう》にして
道場《どうじょう》超絶《ちょうぜつ》し、
国《くに》、*泥洹《ないおん》のごとくにして
しかも等雙《とうそう》なからん。
我《われ》まさに哀愍《あいみん》して、
一切《いっさい》を度脱《どだつ》すべし。
十方《じっぽう》より来生《らいしょう》せんもの、

---

私が仏となるなら、
その国土を
仏の国土の中で
第一のものにするであろう。
そこにいる人は素晴らしく、
かつ修行の道場も勝《すぐ》れ、
そこは
*涅槃《ねはん》の世界のごとくで、
他に比べるものがない。
私は一切《いっさい》の人々を慈《いつく》しみ、
悟《さと》りの世界に導きたい。
十方の世界から
私の世界に生まれようとした
者は、

## 原文

心《しん》悦《ねつ》清《しょう》浄《じょう》
已《いー》到《とう》我《がー》国《こく》
快《けー》楽《らく》安《あん》穏《のん》
幸《こう》仏《ぶつ》信《しん》明《みょう》
是《ぜー》我《がー》真《しん》証《じょう》
発《ほつ》願《がん》於《おー》彼《ひー》
力《りき》精《しょう》所《しょ》欲《よく》
十《じっ》方《ぽう》世《せー》尊《そん》

## 読み下し

心悦《しんねつ》清浄《しょうじょう》にして、
すでに我《わ》が国《くに》に到《いた》らば、
快楽安穏《けらくあんのん》ならしめん。
幸《ねが》わくは仏《ほとけ》、信明《しんみょう》したまえ。
是《こ》れ我《わ》が真証《しんしょう》なり。
願《がん》を発《おこ》して、彼《かれ》において、
所欲《しょよく》を力精《りきしょう》せん。
十方《じっぽう》の世尊《せそん》、

## 現代語訳

心は喜びにみたされ
清らかで、
私の国に生まれるなら、
楽しみを受け、安穏《あんのん》に暮《く》らす
ことができるようにしたい。
願わくばわが師よ、
あかしを示してください。
あなたこそ私のまことの証人
となるでしょう。
願いを発して、
それに向かって
努力精進したい。
十方の仏たちは、

智《ちー》慧《えー》無《むー》礙《げー》
常《じょう》令《りょう》此《しー》尊《そん》
知《ち》我《がー》心《しん》行《ぎょう》
仮《けー》令《りょう》身《しん》止《しー》
諸《しょー》苦《くー》毒《どく》中《ちゅう》
我《がー》行《ぎょう》精《しょう》進《じん》
忍《にん》終《じゅー》不《ふー》悔《げー》

智《ち》慧《え》無《む》礙《げ》なり。
常《つね》にこの尊《そん》をして
我《わ》が心行《しんぎょう》を知《し》らしめん。
たとえ身《み》を
諸《もろもろ》の苦毒《くどく》の中《うち》に止《とど》むとも、
我《わ》が行《ぎょう》は精進《しょうじん》にして
忍《しの》んで終《つい》に悔《く》いざらん。

---

自在な智慧を
そなえている。
これらの仏たちよ、常に
私の発願と修行について
見守ってください。
たとえこの身が
どのような苦難に
沈もうとも、
私は努力精進し、
耐え、決して後悔しないであ
ろう。

## ことば

**摩尼**《まに》＝宝珠《ほうしゅ》のこと。濁《にご》った水を清らかにし、災難を除く力を持つといわれる。

**戒**《かい》＝悪をやめようとする力。

**聞**《もん》＝多くの法門《ほうもん》（仏の教え）を聞くこと。

**精進**《しょうじん》＝善《よ》いことに励《はげ》むこと。

**三昧**《さんまい》＝梵語《ぼんご》のサマーディの音写《おんしゃ》で、定《じょう》と訳される。心を一つのところに定め、正しくものが見られる状態のこと。

**智慧**《ちえ》＝ものごとを正しく見る働きのこと。

**深諦**《じんたい》＝深くあきらかにという意味。

**無明**《むみょう》＝ものの本質を見る智慧《ちえ》のないこと。

**世尊**《せそん》＝世に尊い存在という意味で、釈尊《しゃくそん》のこと。

**聖法王**《しょうほうおう》＝阿弥陀仏《あみだぶつ》の師の世自在王如来《せじざいおうにょらい》のこと。

**解脱**《げだつ》＝苦しみ、悩みから解放されること。

**布施**《ふせ》＝施《ほどこ》すこと。財施《ざいせ》・法施《ほっせ》・無畏施《むいせ》の三種ある。

**調意**《じょうい》＝心の制御《せいぎょ》をすること。

**忍**《にん》＝耐えること。

**願**《がん》＝阿弥陀仏《あみだぶつ》の建てた願いのこと。

**恒沙**《ごうじゃ》＝恒河沙《ごうがしゃ》の略で、ガンジス河の砂という意味。教え切れない数を表現することに用いられる。

**泥洹**《ないおん》＝涅槃《ねはん》のこと。

**涅槃**《ねはん》＝悟《さと》りの境地。

## 解説

この偈《げ》は、初めにもいいましたが、阿弥陀仏がまだ法蔵菩薩《ほうぞうぼさつ》であった時、師である世自在王仏《せじざいおうぶつ》の前で、人々を救いたいという決意を述べたものです。

そして、その決意の凄《すご》さは、たとえ苦難《くなん》に沈もうとも、努力精進し、耐え、決して後悔しないという最後の言葉に知ることができます。この偈の後に、四十八願《しじゅうはちがん》の一つ一つが述べられますが、この偈にすでにその願心《がんしん》を見ることができます。

この頌《じゅ》（偈《げ》）の心を解くキーワードは「世自在王仏」と法蔵菩薩の「菩提心《ぼだいしん》」でしょう。

世自在王仏とは法蔵菩薩の師で、世間を利益《りやく》することに関して、自在な仏という意味の仏です。

菩提心とは、仏道を求めて限りなく修行する心のことをいいます。

菩薩《ぼさつ》の修行は自らを利す(自利《じり》)というより、他を利すること(利他《りた》)を重視することを特徴とします。法蔵菩薩は世自在王仏の素晴らしさに感嘆し、讃《たた》え、自《みずか》らもそのようになって、生けるものを救いたいと願います。

法蔵菩薩の菩提心がやがて、世自在王仏の前で、生けるものを必ず救うという決意表明になってくるのです。四十八願のような具体的な形は取っていないにしても、法蔵菩薩の願いをここに見ることができるでしょう。

この頌《じゅ》は、四十八の願が説かれる直前の法蔵菩薩の心境を、師の世自在王仏の前で、語ったものなのです。



### ❖コラム❖阿弥陀仏の大きさ

阿弥陀さまというと、仏壇の中やお寺の本堂に安置されているお姿を思い起こし、小さい仏さまだという印象である。それとともに、極楽もそんなに広くないのではないかと思えてくる。

しかし、阿弥陀さまの仏身の高さは六十万億那由《なゆ》他恒河沙由旬《たごうがしゃゆじゅん》とある。ちなみに那由他とは一千億、恒河沙とはガンジス河の砂の数ほど多いという意味、一由旬とは四里ということである。

仏身の大きさは、私たちの分別を超えた大きな世界だということがわかるだけである。また、仏の後光は三千大千世界を百億も合わせたようであるとされている。もう私の想像力では理解できない、広大な世界である。

つまり阿弥陀さまとはこういう仏だとか、極楽とはこんな世界だとか分別しようとしているうちは、まだ阿弥陀さまのことがわかっていないように思える。いや、信心だってまだ頂けていないのである。

# 仏《ぶつ》説《せつ》無《む》量《りょう》寿《じゅ》経《きょう》　四《し》誓《せい》偈《げ》［重《じゅう》誓《せい》偈《げ》］

**浄土宗・浄土真宗・時宗**

『無量寿経《むりょうじゅきょう》』の中の偈《げ》の一つ。阿弥陀仏《あみだぶつ》の願いのとくに勝《すぐ》れたこと、すべての苦しみを救うことなどが説かれています。浄土宗や浄土真宗などで読まれます。浄土宗では誓いが四つあると見て「四誓偈」、浄土真宗では重ねて誓ったところから「重誓偈」、あるいは誓いが三つあると見て「三誓偈」ともいいます。お経の原文と読み下し文は『浄土宗信徒日常勤行式《じょうどしゅうしんとにちじょうごんぎょうしき》』（監修 浄土宗総合研究所）によりました。

**原文**

我《がー》建《ごん》超《ちょう》世《せー》願《がん》
必《ひっ》至《しー》無《むー》上《じょう》道《どう》
斯《しー》願《がん》不《ふ》満《まん》足《ぞく》
誓《せい》不《ふー》成《じょう》正《しょう》覚《がく》
我《がー》於《おー》無《むー》量《りょう》劫《こう》

**読み下し**

我《わ》れ超世《ちょうせ》の願《がん》を建《た》つ。
必《かなら》ず＊無上道《むじょうどう》に至《いた》らん。
斯《こ》の願満足《がんまんぞく》せずんば、
誓《ちか》って＊正覚《しょうがく》を成《じょう》ぜじ。
我《わ》れ＊無量劫《むりょうこう》に於《お》いて

**現代語訳**

私は世にすぐれた願いをたてた。この上ない悟《さと》りに達するであろう。
若《も》しこの願いがなしとげられないなら、私は誓って仏にはならないであろう。
私は無量《むりょう》の年月にわたり、

不《ふー》為《いー》大《だい》施《せー》主《しゅー》
普《ふー》済《さい》諸《しょー》貧《びん》苦《ぐ》
誓《せい》不《ふー》成《じょう》正《しょう》覚《がく》
我《がー》至《しー》成《じょう》仏《ぶつ》道《どう》
名《みょう》声《しょう》超《ちょう》十《じっ》方《ぼう》
究《くー》竟《きょう》靡《みー》所《しょー》聞《もん》
誓《せい》不《ふー》成《じょう》正《しょう》覚《がく》
離《りー》欲《よく》深《じん》正《しょう》念《ねん》
浄《じょう》慧《えー》修《しゅー》梵《ぼん》行《ぎょう》

大《だい》*施主《せしゅ》と為《な》って、
普《あまね》く諸《もろもろ》の貧苦《びんぐ》を済《すく》わずんば、
誓《ちか》って正覚《しょうがく》を成《じょう》ぜじ。
我《わ》れ仏道《ぶつどう》を成《じょう》ずるに至《いた》らば、
名 声 十方《みょうしょうじっぽう》に超《こ》え、
究竟《くきょう》して聞《き》こゆる所《ところ》なくんば、
誓《ちか》って正覚《しょうがく》を成《じょう》ぜじ。
離欲《りよく》と*深正念《じんしょうねん》と
浄慧《じょうえ》との修《しゅ》*梵行《ぼんぎょう》をもって、



---

大施主《だいせしゅ》となり、あまねくもろもろの貧苦の者を救えないなら、私は誓って仏にはならないであろう。

私が仏道を完成し仏になったなら、私の名声は十方の果てまでいきわたるであろう。

いきわたらない所があれば、私は誓って仏にはならないであろう。

私は欲を離れ、深く正しい念の中にあって清らかな智慧《ちえ》を得、菩薩《ぼさつ》の行《ぎょう》を修《おさ》め、

原文

志《しー》求《ぐー》無《むー》上《じょう》道《どう》
為《いー》諸《しょー》天《てん》人《にん》師《しー》
神《じん》力《りき》演《えん》大《だい》光《こう》
普《ふー》照《しょう》無《むー》際《さい》土《どー》
消《しょう》除《じょー》三《さん》垢《くー》冥《みょう》
広《こう》済《さい》衆《しゅう》厄《やく》難《なん》
開《かい》彼《ひー》智《ちー》慧《えー》眼《げん》
滅《めっ》此《しー》昏《こん》盲《もう》闇《あん》

読み下し

無上道《むじょうどう》を志求《しぐ》して、
諸《もろもろ》の天人師《てんにんし》とならん。
*神力大光《じんりきだいこう》を演《の》べ、
普《あまね》く無際《むさい》の土《ど》を照《て》らし、
*三垢《さんく》の*冥《やみ》を消除《しょうじょ》して
広《ひろ》く衆《もろもろ》の厄難《やくなん》を済《すく》い、
彼《か》の智慧《ちえ》の眼《まなこ》を開《ひら》いて、
此《こ》の昏盲《こんもう》の闇《やみ》を滅《めっ》し、



現代語訳

この上ない悟りを求め、もろもろの神や人の師となるであろう。
超人的な大いなる光を放って、あまねくすべての世界を照らし、
貪《むさぼ》りといかりと愚痴《ぐち》の迷いを除《のぞ》き、
ひろくもろもろの厄難《やくなん》から救いたい。
智慧《ちえ》の眼を開き、
無知の闇《やみ》を破り、

閉《へい》塞《そく》諸《しょー》悪《あく》道《どう》
通《つう》達《だつ》善《ぜん》趣《じゅー》門《もん》
功《くー》祚《そー》成《じょう》満《まん》足《ぞく》
威《いー》曜《よう》朗《ろう》十《じっ》方《ぽう》
日《にち》月《がっ》戢《しゅう》重《じゅう》暉《きー》
天《てん》光《こう》隠《おん》不《ぶー》現《げん》
為《いー》衆《しゅう》開《かい》法《ほう》蔵《ぞう》
広《こう》施《せー》功《くー》徳《どく》宝《ほう》
常《じょう》於《おー》大《だい》衆《しゅう》中《じゅう》

諸《もろもろ》の*悪道《あくどう》を閉塞《へいそく》して、
善趣《ぜんじゅ》の門《もん》に通達《つうだつ》せしむ。
*功祚満足《くそまんぞく》することを成《じょう》じて、
威曜十方《いようじっぽう》に朗《ほが》らかなり。
日月重暉《にちがつじゅうき》を戢《おさ》め、
天光《てんこう》も隠《かく》れて現《げん》ぜず。
衆《しゅう》の為《ため》に*法蔵《ほうぞう》を開《ひら》いて、
広《ひろ》く*功徳《くどく》の宝《たから》を施《ほどこ》し、
常《つね》に大衆《だいしゅう》の中《なか》に於《お》いて、

もろもろの悪《あ》しき世界への道を閉じさせて、
善《よ》き世界の門に人々を至らせよう。
仏の位を完成して、
威光《いこう》を十方に輝《かがやか》すであろう。
このため太陽も月も輝きを失い、
神々の光も隠れてしまうであろう。
生けるもののために仏法《ぶっぽう》の蔵《くら》を開き、
広く功徳《くどく》の宝を施《ほどこ》し、
常に大衆の中にあって、

原文

説《せっ》法《ぽう》師《しー》子《しー》吼《くー》
供《くー》養《よう》一《いっ》切《さい》仏《ぶつ》
具《ぐー》足《そく》衆《しゅー》徳《とく》本《ほん》
願《がん》慧《ねー》悉《しっ》成《じょう》満《まん》
得《とく》為《いー》三《さん》界《がい》雄《おー》
如《にょー》仏《ぶつ》無《むー》礙《げー》智《ちー》
通《つう》達《だつ》靡《みー》不《ふー》照《しょう》
願《がん》我《がー》功《くー》慧《えー》力《りき》

読み下し

説法《せっぽう》師子吼《ししく》したもう。
一切《いっさい》の仏《ほとけ》を供養《くよう》し、
衆《もろもろ》の徳本《とくほん》を具足《ぐそく》し、
願慧《がんね》　悉《ことごと》く成満《じょうまん》して、
三界《さんがい》の雄《おう》と為《な》ることを得《え》たまえり。
仏《ほとけ》の*無礙智《むげち》の如《ごと》きは、
通達《つうだつ》して照《て》らしたまわずということなし。
願《ねが》わくは我《わ》が功慧《くえ》の力《ちから》、

現代語訳

説法し、
獅子吼《ししく》するであろう。
一切《いっさい》の仏を供養《くよう》し、
多くの功徳《くどく》を具《そな》え、
願いと智慧《ちえ》をことごとく完成して、
迷いの世界の導師《どうし》となるであろう。
仏の自在《じざい》の智慧《ちえ》は、
何ものにも妨《さまた》げられず、すべてを照らすごとく、
願わくば
私の智慧の力も、

等《とう》此《しー》最《さい》勝《しょう》尊《そん》
斯《しー》願《がん》若《にゃっ》剋《こっ》果《かー》
大《だい》千《せん》応《おう》感《かん》動《どう》
虚《こー》空《くう》諸《しょー》天《てん》人《にん》
当《とう》雨《うー》珍《ちん》妙《みょう》華《けー》

此《こ》の*最勝尊《さいしょうそん》に等《ひと》しからん。
斯《こ》の願《がん》若《も》し剋果《こっか》せば、
大千《だいせん》応《まさ》に感動《かんどう》すべし。
虚空《こくう》の諸《もろもろ》の天人《てんにん》、
当《まさ》に珍妙《ちんみょう》の華《はな》を雨《ふ》らすべし。

仏（最勝尊）と同じようでありたい。
この私の願いが成しとげられるなら、
大千世界が感動し、
虚空《こくう》の神々と人は、
妙《たえ》なる華《はな》を
雨降《あめふ》らすであろう。

**ことば**

**無上道**《むじょうどう》＝この上ない仏のさとり。
**正覚**《しょうがく》＝一切を証悟《しょうご》した仏のさとりのこと。
**無量劫**《むりょうこう》＝劫とは梵語のカルパの音写で、非常に長い時間のこと。無量劫とは無量の非常に長い時間のこと。
**施主**《せしゅ》＝施《ほどこ》しをする人。
**深正念**《じんしょうねん》＝瞑想《めいそう》の境地が深まって得られる正しい念のこと。
**梵行**《ぼんぎょう》＝清浄な行。菩薩《ぼさつ》の行のこと。
**神力**《じんりき》＝超自然的な力。
**三垢**《さんく》＝貪《とん》・瞋《じん》・癡《ち》の三毒《さんどく》のこと。
**冥**《やみ》＝くらいという意味で、ここでは迷いといった意味。
**悪道**《あくどう》＝生けるものが悪い行為をなした結果、往《い》かなくてはならない世界で、地獄・餓鬼《がき》・畜生《ちくしょう》のこと。
**功祚**《くそ》＝仏の位のこと。
**法蔵**《ほうぞう》＝仏の説く教法をいう。

**功徳《くどく》**＝善い行為の結果もたらされる福利。

**無礙智《むげち》**＝無礙とはさわりがなく、自在《じざい》という意味。無礙智とは自在な智慧《ちえ》のこと。

**最勝尊《さいしょうそん》**＝仏のこと。

**解説**

『無量寿経』というお経は浄土宗や浄土真宗で読まれる『浄土三部経《じょうどさんぶきょう》』(無量寿経・観無量寿経・阿弥陀経)の一つで、阿弥陀仏が人々を救う根拠が説き明かされています。具体的には阿弥陀仏が法蔵菩薩《ほうぞうぼさつ》であった時、師の世自在王仏《せじざいおうぶつ》の前で誓った四十八願《しじゅうはちがん》に基づき、人々が救われるということが説かれています。

ここでの「四誓偈《しせいげ》」、「重誓偈《じゅうせいげ》」といわれるお経は、『無量寿経』の中の偈の一つで、阿弥陀仏の建てた四十八願の要点を重ねて誓ったものです。阿弥陀仏の願いが特に勝れていること、すべての苦しみを救うことなどが説かれています。

「法蔵菩薩」とは、阿弥陀仏の修行の時の名前です。法蔵菩薩は自らの建てた願い(「本願」)を成就し、阿弥陀仏となります。「本願」とは、生けるものを救うべく、法蔵菩薩が建てた願いのことで、具体的には四十八願あります。願いは法蔵菩薩の誓いでもあるので誓願《せいがん》ともいわれます。

一説にはこの四十八の数字にちなんで、相撲の四十八手が作られたともいわれています。また、四十八願の十八番目の願は念仏往生《ねんぶつおうじょう》の願《がん》といわれ、十念《じゅうねん》(もともとの意味は阿弥陀仏の姿を心に十遍念《おも》いうかべること)すれば、往生できるというもので、阿弥陀仏の最も大切な働き、技を現すものでもあります。「おはこ」(得意の芸のこと)を十八番というのはここからでているともいわれています。法蔵菩薩の本願の世界が重ねて説かれたものが、この偈なのです。

# 仏《ぶつ》説《せつ》観《かん》無《む》量《りょう》寿《じゅ》経《きょう》　第《だい》九《く》真《しん》身《じん》観《がん》文《もん》

浄土宗

『観無量寿経《かんむりょうじゅきょう》』とは韋提希《いだいけ》夫人の願いにより、阿弥陀仏《あみだぶつ》とその浄土《じょうど》を観想《かんそう》する方法などを説いたお経です。そこには十六の観想方法が説かれていますが、その第九番目には阿弥陀仏そのものを観想する方法が説かれています。浄土教では阿弥陀仏に救われ、そこに往生することを説きますから、この観想がいかに大切か分かります。この部分は特に浄土宗で読まれることが多いようです。このお経の原文と読み下しは『平成改訂　浄土礼誦法《じょうどらいじゅほう》』（編集　八百谷靖匡）によりました。

**原文**

仏《ぶつ》告《ごう》阿《あー》難《なん》及《ぎょう》韋《いー》提《だい》
希《けー》此《しー》想《そう》成《じょう》已《いー》次《しー》当《とう》
更《きょう》観《かん》無《む》量《りょう》寿《じゅー》仏《ぶつ》身《しん》
相《そう》光《こう》明《みょう》阿《あー》難《なん》当《とう》知《ちー》

**読み下し**

仏《ほとけ》*阿難《あなん》及《およ》び*韋提希《いだいけ》に告《つ》げたまわく。
此想《このそう》成《じょう》じ已《おわ》りなば、次《つぎ》にまさに
さらに*無量寿仏《むりょうじゅぶつ》の
身相光明《しんそうこうみょう》を観《かん》ずべし。阿難《あなん》まさに
知《し》るべし。

**現代語訳**

釈尊《しゃくそん》は阿難《あなん》と韋提希夫人《いだいけぶにん》に
いわれました。
仏の像を観じた次には
さらに無量寿仏《むりょうじゅぶつ》の身体と
光明を観じなさい。阿難よ、
知らなくてはいけません。

### 原文

無《むー》量《りょう》寿《じゅー》仏《ぶっ》身《しん》如《にょー》百《ひゃく》
千《せん》万《まん》億《のく》夜《やー》摩《まー》天《てん》閻《えん》
浮《ぶー》檀《だん》金《ごん》色《じき》仏《ぶっ》身《しん》高《こう》
六《ろく》十《じゅう》万《まん》億《のく》那《なー》由《ゆー》他《たー》
恒《ごう》河《がー》沙《しゃー》由《ゆー》旬《じゅん》眉《みー》間《けん》
白《びゃく》毫《ごう》右《うー》旋《せん》婉《おん》転《でん》如《にょー》
五《ごー》須《しゅー》弥《みー》山《せん》仏《ぶつ》眼《げん》如《にょー》
四《しー》大《だい》海《かい》水《すい》青《しょう》白《びゃく》分《ふん》

### 読み下し

無量寿仏《むりょうじゅぶつ》の身《み》は、百《ひゃく》
千万億《せんまんおく》の夜摩天《やまてん》の
*閻浮檀金《えんぶだんごん》の色《いろ》の如《ごと》し。仏身《ぶっしん》の高《たか》さ
六十万億那由他《ろくじゅうまんおくなゆた》
恒河沙由旬《ごうがしゃゆじゅん》なり。眉間《みけん》の
*白毫《びゃくごう》は右《みぎ》に旋《めぐ》りて婉転《おんでん》せり、
五《ご》*須弥山《しゅみせん》の如《ごと》し。仏《ほとけ》の眼《まなこ》は
四大海水《しだいかいすい》の如《ごと》し、青白分明《しょうびゃくふんみょう》なり。

### 現代語訳

無量寿仏の身体は、夜摩天《やまてん》の紫金色《しごんじき》の百千万億倍したように輝いています。

仏身の高さは六十万億那由他《なゆた》恒河沙由旬《ごうがしゃゆじゅん》（数え切れないほどという意味）もあり、眉間《みけん》にある白毫《びゃくごう》は右にめぐって丸く、須弥山《しゅみせん》を五つ合わせた位もあります。

仏の眼は須弥山を囲む四つの海のようで、青白く澄み切っています。

明《みょう》身《しん》諸《しょー》毛《もう》孔《くー》演《えん》出《じゅつ》
光《こう》明《みょう》如《にょー》須《しゅー》弥《みー》山《せん》彼《ひー》
仏《ぶつ》円《えん》光《こう》如《にょー》百《ひゃく》億《おく》三《さん》
千《ぜん》大《だい》千《せん》世《せー》界《かい》於《おー》円《えん》
光《こう》中《ちゅう》有《うー》百《ひゃく》万《まん》億《おく》那《なー》
由《ゆー》他《たー》恒《ごう》河《がー》沙《しゃー》化《けー》仏《ぶつ》
一《いち》一《いち》化《けー》仏《ぶつ》亦《やく》有《うー》衆《しゅー》
多《たー》無《むー》数《しゅー》化《けー》菩《ぼー》薩《さつ》以《いー》
為《いー》侍《じー》者《しゃー》無《むー》量《りょう》寿《じゅー》仏《ぶつ》

身《み》の諸《もろもろ》の毛孔《もうく》より光明《こうみょう》を演出《えんじゅつ》する
こと、須弥山《しゅみせん》の如《ごと》し。彼《か》の
仏《ほとけ》の円光《えんこう》は百億《ひゃくおく》
*三千大千世界《さんぜんだいせんせかい》の如《ごと》し、
円光《えんこう》の中《なか》に於《お》いて百万億《ひゃくまんおく》
那由他恒河沙《なゆたごうがしゃ》の化仏《けぶつ》あり、
一一《いちいち》の化仏《けぶつ》にまた
衆多無数《しゅたむしゅ》の*化菩薩《けぼさつ》ありて
以《も》て侍者《じしゃ》とせり。無量寿仏《むりょうじゅぶつ》に

---

体の毛穴より
光明が放たれ
須弥山のごとくです。
仏の後光《ごこう》は
三千大千世界を百億も合わせ
たようです。
またこの後光の中に、
百万億那由他《なゆた》恒河沙《ごうがしゃ》の化仏《けぶつ》が
あり、さらに一つ一つの化仏
の中に
無数の化菩薩《けぼさつ》があり、
侍者《じしゃ》として
従っております。
無量寿仏の身体には

原文

有《うー》八《はち》万《まん》四《しー》千《せん》相《そう》一《いち》
一《いち》相《そう》各《かく》有《うー》八《はち》万《まん》四《しー》
千《せん》随《ずい》形《ぎょう》好《こう》一《いち》一《いち》好《こう》
復《ぶー》有《うー》八《はち》万《まん》四《しー》千《せん》光《こう》
明《みょう》一《いち》一《いち》光《こう》明《みょう》徧《へん》照《じょう》
十《じっ》方《ぽう》世《せー》界《かい》念《ねん》仏《ぶっ》衆《しゅー》
生《じょう》摂《せっ》取《しゅー》不《ふー》捨《しゃー》其《ごー》光《こう》
明《みょう》相《そう》好《ごう》及《ぎょう》与《よー》化《けー》仏《ぶつ》

読み下し

八万四千《はちまんしせん》の相《そう》あり。
一一《いちいち》の相《そう》に各各《おのおの》八万四千《はちまんしせん》の
随形好《ずいぎょうこう》あり。一一《いちいち》の好《こう》に
復《ま》た八万四千《はちまんしせん》の光明《こうみょう》あり。
一一《いちいち》の光明《こうみょう》偏《あまね》く
十方世界《じっぽうせかい》を照《てら》して、*念仏《ねんぶつ》の*衆生《しゅじょう》を
摂取《せっしゅ》して、捨《す》てたまわず。其《そ》の
光明相好及《こうみょうそうごうおよ》び化仏《けぶつ》

現代語訳

八万四千の勝《すぐ》れた特徴があり、その一つ一つの特徴にはまた小さな特徴が八万四千あります。そしてその一つ一つからは八万四千の光明が放たれています。

一つ一つの光明はすべての世界をあまねく照らし、念仏の人たちを救いとって、決して捨てることはありません。

無量寿仏の光明や身体の特徴、ならびに化仏などについて、くわしく説くことはできませ

不《ふー》可《かー》具《ぐー》説《せつ》但《たん》当《とう》憶《おく》
想《そう》令《りょう》心《しん》眼《げん》見《けん》見《けん》此《しー》
事《じー》者《しゃー》即《そっ》見《けん》十《じっ》方《ぽう》一《いっ》
切《さい》諸《しょー》仏《ぶっ》以《いー》見《けん》諸《しょー》仏《ぶっ》
故《こー》名《みょう》念《ねん》仏《ぶっ》三《さん》昧《まい》作《さー》
是《ぜー》観《かん》者《しゃー》名《みょう》観《かん》一《いっ》切《さい》
仏《ぶっ》身《しん》以《いー》観《かん》仏《ぶっ》身《しん》故《こー》
亦《やく》見《けん》仏《ぶっ》心《しん》仏《ぶっ》心《しん》者《しゃー》
大《だい》慈《じー》悲《ひー》是《ぜー》以《いー》無《むー》縁《えん》

具《つぶさ》に説《と》くべからず。但《ただ》まさに憶想《おくそう》して、心眼《しんげん》をして見《み》せしむべし。

此《こ》の事《こと》を見奉《みたてまつ》る者《もの》は即《すなわ》ち十方一切《じっぽういっさい》の諸仏《しょぶつ》を見奉《みたてまつ》る。諸仏《しょぶつ》を見奉《みたてまつ》るを以《も》ての故《ゆえ》に、念仏三昧《ねんぶつさんまい》と名《な》づく。

この観《かん》をなすをば一切《いっさい》の仏《ほとけ》の身《み》を観《かん》ずると名《な》づく。

仏《ほとけ》の身《み》を観奉《みたてまつ》るを以《も》ての故《ゆえ》に、亦《また》仏《ほとけ》の心《こころ》を見奉《みたてまつ》る。仏《ほとけ》の心《こころ》とは大慈悲《だいじひ》これなり。無縁《むえん》の慈《じ》を以《も》て

ん。ただ、観想し、心眼《しんがん》により、見るようにするしかありません。これらの特徴を見ることができた者は、いっさいの諸仏を見ることができ、諸仏を見ることができるから、この観法《かんぽう》は念仏三昧《ねんぶつさんまい》といわれます。またこれはいっさいの仏の身体を観ずる法とも名づけられます。この観法は仏の身体を見ることができるから、仏の心をも見ることができます。仏の心とは大慈悲《だいじひ》の心のことです。

原文

慈《じー》摂《せっ》諸《しょー》衆《しゅー》生《じょう》作《さー》此《しー》
観《かん》者《しゃー》捨《しゃー》身《しん》他《たー》世《せー》生《しょう》
諸《しょー》仏《ぶつ》前《ぜん》得《とく》無《むー》生《しょう》忍《にん》
是《ぜー》故《こー》智《ちー》者《しゃー》応《おう》当《とう》繫《けい》
心《しん》諦《たい》観《かん》無《むー》量《りょう》寿《じゅー》仏《ぶつ》
観《かん》無《むー》量《りょう》寿《じゅー》仏《ぶつ》者《しゃー》従《じゅー》
一《いち》相《そう》好《ごう》入《にゅう》但《たん》観《かん》眉《みー》
間《けん》白《びゃく》毫《ごう》極《ごく》令《りょう》明《みょう》了《りょう》

読み下し

諸《もろもろ》の衆生《しゅじょう》を摂《せっ》したまう。

此《こ》の観《かん》を作《な》す者《もの》は、身《み》を他世《たせ》に捨《す》てて、諸仏《しょぶつ》のみ前《まえ》に生《しょう》じて、*無生忍《むしょうにん》を得《え》ん。

この故《ゆえ》に智者《ちしゃ》、心《こころ》に繫《かけ》て、まさに諦《あきら》かに無量寿仏《むりょうじゅぶつ》を観《かん》ずべし。

無量寿仏《むりょうじゅぶつ》を観《かん》ぜん者《もの》は、一《ひと》つの相好《そうごう》より入《い》れ。但《た》だ、眉間《みけん》の白毫《びゃくごう》を観《かん》じても極《きわ》めて、明《みょう》了《りょう》ならしめよ。

現代語訳

このため、仏は無限の慈悲で、人々を救うのです。

この観法をなす者は、命の終わった後、浄土《じょうど》に生まれ、諸仏の前にあって無生忍《むしょうにん》を得ることができます。それ故、智者は心して、明らかに無量寿仏を観るべきです。

無量寿仏を観ようとするなら、身体の勝れた一つの特徴から始めるべきです。ただ、眉間《みけん》の白毫《びゃくごう》を観《み》て、はっきりさせなさい。

見《けん》眉《みー》間《けん》白《びゃく》毫《ごう》者《しゃー》八《はち》
万《まん》四《し》千《せん》相《そう》好《ごう》自《じー》然《ねん》
当《とう》現《げん》見《けん》無《む》量《りょう》寿《じゅー》仏《ぶつ》
者《しゃー》即《そっ》見《けん》十《じっ》方《ぽう》無《むー》量《りょう》
諸《しょー》仏《ぶつ》得《とっ》見《けん》無《むー》量《りょう》諸《しょー》
仏《ぶっ》故《こー》諸《しょー》仏《ぶつ》現《げん》前《ぜん》授《じゅー》
記《きー》是《ぜー》為《いー》徧《へん》観《かん》一《いっ》切《さい》
色《しき》身《しん》想《そう》名《みょう》第《だい》九《くー》観《かん》
作《さー》此《しー》観《かん》者《しゃー》名《みょう》為《いー》正《しょう》

眉間《みけん》の白毫《びゃくごう》を見奉《みたてまつ》る者《もの》は、
八万四千《はちまんしせん》の相好自然《そうごうじねん》に
まさに現《げん》ずべし。無量寿仏《むりょうじゅぶつ》を
見奉《みたてまつ》る者《もの》は、即《すなわ》ち十方《じっぽう》
無量《むりょう》の諸仏《しょぶつ》を見奉《みたてまつ》ることを得《う》る。
故《ゆえ》に諸仏現前《しょぶつげんぜん》に授記《じゅき》し給《たも》う。
これを徧《あまね》く一切《いっさい》の
色身《しきしん》を観《かん》ずる想《そう》とし、第九《だいく》の観《かん》と
名《な》づく。
此《こ》の観《かん》をなすをば名《な》づけて*正観《しょうかん》と

---

眉間の白毫を見る者には、八万四千の身体の勝れた特徴が自然にあらわになります。無量寿仏を見ることができた者は、あらゆる無量の諸仏を見ることができます。無量の諸仏を見たならば、その者は諸仏より、仏になることの予言を受けることになります。

この観想《かんそう》をあまねくすべての諸仏の身体を観想する法とし、第九の観と名づけます。

この観想をすることを正しい

原文

**観《がん》若《にゃく》他《たー》観《かん》者《しゃー》名《みょう》為《いー》**
**邪《じゃー》観《かん》**

読み下し

し、若《も》し他観《たかん》するをば、名《な》づけて
*邪観《じゃかん》とす。

現代語訳

観想、外の観想を
あやまった観想と名づけます。

## ことば

**阿難《あなん》**＝釈尊の十大弟子の一人で、多聞《たもん》第一といわれる。

**韋提希《いだいけ》**＝ビンビサーラ王の妃《きさき》、阿闍世《あじゃせ》の母。息子に幽閉された時、釈尊に説法を乞う。その時説かれたものが『観無量寿経』といわれる。

**無量寿仏《むりょうじゅぶつ》**＝阿弥陀仏のこと、無量の寿命をもつところから、このようによばれる。

**閻浮檀金《えんぶだんごん》**＝閻浮樹林《えんぶじゅりん》を流れる河から出る金のこと。

**白毫《びゃくごう》**＝眉間《みけん》にある白い旋毛《せんもう》のこと。

**須弥山《しゅみせん》**＝梵語《ぼんご》のスメールの音写。古代インドの宇宙観で、一世界の中心にある高山のことをいう。

**三千大千世界《さんぜんだいせんせかい》**＝インドの宇宙観。須弥山《しゅみせん》を中心とした一世界を一小世界、これを千合わせたものを一小千世界、一小千世界を千合わせたものを一中千世界、一中千世界を千合わせたものを一大千世界という。一大千世界は小中大あるところから、三千大千世界といわれる。

**化菩薩《けぼさつ》**＝菩薩《ぼさつ》が衆生《しゅじょう》を救うため、化現《けげん》したもの。

**念仏《ねんぶつ》**＝阿弥陀仏《あみだぶつ》を念ずること。

**衆生《しゅじょう》**＝生けるものという意味。

**無生忍《むしょうにん》**＝不生不滅《ふしょうふめつ》の道理を受け入れた安らぎの境地。

**正観《しょうかん》**＝正しい観想《かんそう》のこと。

**邪観《じゃかん》**＝誤った観想のこと。

## 解説

亡くなって往生するところは、浄土教の仏教者の場合、阿弥陀仏の浄土です。学校の教室が浄土であるとすれば、先生は阿弥陀仏ということになります。教室も大切ですが、やはり先生が一番重要ということです。『観無量寿経』の「第九真身観文」とはまさに阿弥陀仏そのものを観想するというものです。

ここでいう「観想」とは、観て想うということで、一つの瞑想法《めいそうほう》のことです。このお経は、息子・阿闍世《あじゃせ》に幽閉《ゆうへい》され、悩み、苦しんでいる韋提希《いだいけ》夫人に、釈尊が阿弥陀仏と苦しみのないその浄土を説いたものです。具体的には十六の観想を説くのです。さまざまな観想が説かれますが、最も重要なのは阿弥陀仏のそれです。

阿弥陀仏の阿弥陀とは無量の寿命《じゅみょう》と無量の光という意味で、このところより阿弥陀仏は無量寿仏《むりょうじゅぶつ》・無量光仏《むりょうこうぶつ》ともいわれます。とてつもない大きな仏で、その姿の一つ一つをこのお経に見ることができます。阿弥陀仏の姿を観ずるにはこの観想の実践が大切であり、ひいては救われる道につながってくるのです。



### ❖コラム❖沈黙

カトリック作家遠藤周作の著作に『沈黙』がある。キリシタン禁制時代にあっても信仰を捨てなかった信者は幕府に捕まり、拷問される。その時、信者は必死に神に救いを求めるが、神は何もせず、ただ沈黙をまもるという主旨である。凄いことを書く作家だと思うとともに、このようなことが書ける彼に揺るぎない信仰を見た思いがした。

私は仏教徒としては、あまり上等の人間ではない。仏さまが大施主となり、いろんな苦しみ、悩みから私たちをお救いくださるというが、それは嘘じゃないのかと思うことがある。仏はいつも沈黙して、何もしてくれないじゃないかと口の中でいうこともある。

ところがこれこそ阿弥陀さまのご加護だ、お救いだと感ずることがある。仏さまは何もしてくれないのではなく、自分が余りにも欲が強いため、それが見えない、感ずることができないのだと分ってきたのである。

# 仏《ぶっ》説《せつ》阿《あ》弥《み》陀《だ》経《きょう》

天台宗・浄土宗・浄土真宗・時宗

浄土宗や浄土真宗の拠《よ》り所《どころ》となっているお経は『無量寿経《むりょうじゅきょう》』、『観無量寿経《かんむりょうじゅきょう》』、『阿弥陀経《あみだきょう》』の三つで、『浄土三部経』といわれます。特に『阿弥陀経』は亡くなられた後、人が生まれる世界としての極楽浄土のありさまを説いたもので、葬儀の折などによく読まれるものです。

石塔に「倶会一処《くえいっしょ》」という文字の刻まれているものを見ることがありますが、このお経の言葉で、通常、多くの人々と極楽でお会いするといった意味に解されています。

**原文**

姚《よう》秦《しん》三《さん》蔵《ぞう》法《ほう》師《し》
鳩《く》摩《ま》羅《ら》什《じゅう》奉《ぶ》詔《しょう》訳《やく》
如《にょー》是《ぜー》我《がー》聞《もん》。一《いち》時《じー》仏《ぶつ》
在《ざい》。舎《しゃー》衛《えー》国《こく》。祇《ぎ》樹《じゅー》給《きっ》

**読み下し**

*姚秦《ようしん》の三蔵法師《さんぞうほうし》、*鳩摩羅什《くまらじゅう》
詔《みことのり》を奉《ほう》じて訳《やく》す
是《かく》の如《ごと》く我《われ》聞《き》けり。一時《あるとき》、仏《ほとけ》、
*舎衛国《しゃえこく》の祇樹給孤独園《ぎじゅぎっこどくおん》に在《あ》りて、

**現代語訳**

姚秦《ようしん》の三蔵法師《さんぞうほうし》、鳩摩羅《くまら》什《じゅう》が詔《みことのり》を奉《ほう》じて訳す
このように私は聞いた。
あるとき、仏陀《ぶっだ》は千二百五十人の修行者《しゅぎょうしゃ》たちとともに、

孤《こー》独《どく》園《おん》。与《よー》大《だい》比《びー》丘《くー》衆《しゅー》。千《せん》二《にー》百《ひゃく》五《ごー》十《じゅう》人《にん》俱《くー》。皆《かい》是《ぜー》大《だい》阿《あー》羅《らー》漢《かん》。衆《しゅー》所《しょー》知《ちー》識《しき》。長《ちょう》老《ろう》舎《しゃー》利《りー》弗《ほつ》。摩《まー》訶《かー》目《もっ》犍《けん》連《れん》。摩《まー》訶《かー》迦《かー》葉《しょう》。摩《まー》訶《かー》迦《かー》旃《せん》延《ねん》。摩《まー》訶《かー》俱《くー》絺《ちー》羅《らー》。離《りー》婆《はー》多《たー》。周《しゅう》利《りー》槃《はん》陀《だー》伽《かー》。難《なん》陀《だー》。阿《あー》難《なん》陀《だー》。羅《らー》

大比丘衆《だいびくしゅ》千二百五十人《せんにひゃくごじゅうにん》と倶《とも》なりき。

皆《みな》、是《こ》れ大《だい》*阿羅漢《あらかん》にして、衆《しゅ》の知識《ちしき》する所《ところ》なり。

*長老《ちょうろう》*舎利弗《しゃりほつ》、*摩訶目犍連《まかもっけんれん》、*摩訶迦葉《まかかしょう》、*摩訶迦旃延《まかかせんねん》、*摩訶倶絺羅《まかくちら》、*離婆多《りはた》、*周利槃陀伽《しゅりはんだか》、*難陀《なんだ》、*阿難陀《あなんだ》、

舎衛国《しゃえこく》（シュラーヴァスティー）の祇園精舎《ぎおんしょうじゃ》におられた。

これらの人々は、みな、阿《あ》羅漢《らかん》の位《くらい》にあり、多くの人々によく知られ、敬われていた。

それらは長老舎利弗《ちょうろうしゃりほつ》（シャーリプトラ）、摩訶目犍連《まかもっけんれん》（マハー・マウドガリヤーヤナ）、摩訶迦葉《まかかしょう》（マハー・カーシャパ）、摩訶迦旃《まかかせん》延《ねん》（マハー・カーティヤーヤナ）、摩《ま》訶倶絺羅《かくちら》（マハー・カウシュティラ）、離婆多《りはた》（レーヴァタ）、周利《しゅり》槃陀伽《はんだか》（シュッディパンタカ）、難《なん》陀《だ》（ナンダ）、阿難陀《あなんだ》（アーナンダ）、

## 原文

睺《ごー》羅《らー》。憍《きょう》梵《ぼん》波《はー》提《だい》。賓《びん》頭《ずー》盧《るー》頗《はー》羅《らー》堕《だー》。迦《かー》留《るー》陀《だー》夷《いー》。摩《まー》訶《かー》劫《こう》賓《ひん》那《なー》。薄《はー》拘《くー》羅《らー》。阿《あー》㝹《ぬー》楼《るー》駄《だー》。如《にょー》是《ぜー》等《とう》。諸《しょー》大《だい》弟《でー》子《しー》。并《びょう》諸《しょー》菩《ぼー》薩《さつ》摩《まー》訶《かー》薩《さつ》。文《もん》殊《じゅー》師《しー》利《りー》法《ほう》王《おう》子《じー》。阿《あー》逸《いっ》多《たー》菩《ぼー》薩《さつ》。乾《けん》陀《だー》

## 読み下し

*羅睺羅《らごら》、*憍梵波提《きょうぼんはだい》、*賓頭盧頗羅堕《びんずるはらだ》、*迦留陀夷《かるだい》、*摩訶劫賓那《まかこうひんな》、*薄拘羅《はくら》、*阿㝹楼駄《あぬるだ》、是《かく》の如《ごと》き等《ら》の諸《もろもろ》の大弟子《だいでし》、并《なら》びに諸《もろもろ》の*菩薩《ぼさつ》・摩訶薩《まかさつ》〔すなわち〕*文殊師利法王子《もんじゅしりほうおうじ》、*阿逸多菩薩《あいったぼさつ》、*乾陀訶提菩薩《けんだかだいぼさつ》、

## 現代語訳

羅睺羅《らごら》（ラーフラ）、憍梵波提《きょうぼんはだい》（ガヴァーンパティ）、賓頭盧頗羅堕《びんずるはらだ》（ピンドーラ・バラドヴァージャ）、迦留陀夷《かるだい》（カーローダーイン）、摩訶劫賓那《まかこうひんな》（マハー・カッピナ）、薄拘羅《はくら》（ヴァックラ）、阿㝹楼駄《あぬるだ》（アニルッダ）などの大弟子《だいでし》であった。また多くの菩薩《ぼさつ》、すなわち文殊師利法王子《もんじゅしりほうおうじ》、阿逸多菩薩《あいったぼさつ》、乾陀訶提菩薩《けんだかだいぼさつ》、

訶《かー》提《だい》菩《ぼー》薩《さつ》。常《じょう》精《しょう》進《じん》菩《ぼー》薩《さつ》。与《よー》如《にょー》是《ぜー》等《とう》。諸《しょー》大《だい》菩《ぼー》薩《さつ》。及《ぎゅう》釈《しゃく》提《だい》桓《かん》因《いん》等《とう》。無《むー》量《りょう》諸《しょー》天《てん》。大《だい》衆《しゅー》倶《くー》。

爾《にー》時《じー》仏《ぶつ》告《ごう》。長《ちょう》老《ろう》舎《しゃー》利《りー》弗《ほつ》。従《じゅう》是《ぜー》西《さい》方《ほう》。過《かー》十《じゅう》万《まん》億《のく》仏《ぶつ》土《どー》。有《うー》世《せー》界《かい》。名《みょう》曰《わつ》極《ごく》楽《らく》。其《ごー》土《どー》

＊常精進菩薩《じょうしょうじんぼさつ》、是《かく》の如《ごと》き等《ら》の諸《もろもろ》の大《だい》菩薩《ぼさつ》、及《およ》び＊釈提桓因等《しゃくだいかんいんとう》の無量《むりょう》の諸《しょ》天《てん》・大衆《だいしゅ》と倶《とも》なりき。

爾《そ》の時《とき》、仏《ほとけ》、長老舎利弗《ちょうろうしゃりほつ》に告《つ》げたもう。「是《こ》れより西方《さいほう》、十万億《じゅうまんおく》の仏土《ぶつど》を過《す》ぎて、世界《せかい》有《あ》り。名《な》づけて＊極楽《ごくらく》と曰《い》う。

---

常精進菩薩《じょうしょうじんぼさつ》、および帝釈天《たいしゃくてん》などの無数の神々や多くの人々も、共にこの座に席をつらねていた。

そのとき、仏陀《ぶつだ》は長老舎利《しゃり》弗《ほつ》にいわれた。

「ここから西の方、十万億の仏《ほとけ》の国土を過ぎたところに、一つの世界があり、極楽《ごくらく》とよばれている。

原文

有《うー》仏《ぶつ》。号《ごう》阿《あー》弥《みー》陀《だー》。今《こん》
現《げん》在《ざい》説《せつ》法《ぽう》。舎《しゃー》利《りー》弗《ほつ》。
彼《ひー》土《どー》何《がー》故《こー》。名《みょう》為《いー》極《ごく》
楽《らく》。其《ごー》国《こく》衆《しゅー》生《じょう》。無《むー》有《うー》
衆《しゅー》苦《くー》。但《たん》受《じゅー》諸《しょー》楽《らく》。故《こー》
名《みょう》極《ごく》楽《らく》。
又《うー》舎《しゃー》利《りー》弗《ほつ》。極《ごく》楽《らく》国《こく》
土《どー》。七《しち》重《じゅう》欄《らん》楯《じゅん》。七《しち》重《じゅう》

読み下し

其《そ》の土《ど》に仏有《ほとけあ》りて、阿弥陀《あみだ》と号《ごう》す。今《いま》、現《げん》に在《あ》りて法《ほう》を説《と》きたもう。舎利弗《しゃりほつ》よ、彼《か》の土《ど》を何《なに》が故《ゆえ》に名《な》づけて極楽《ごくらく》と為《な》すや。

其《そ》の国《くに》の衆生《しゅじょう》、衆《もろもろ》の苦有《くあ》ること無《な》く、但《ただ》、諸《もろもろ》の楽《たの》しみを受《う》く。故《ゆえ》に極楽《ごくらく》と名《な》づく。

又《また》、舎利弗《しゃりほつ》よ、極楽国土《ごくらくこくど》には、

現代語訳

その国土には、阿弥陀仏《あみだぶつ》といわれる仏《ほとけ》がおられ、今、現に教えを説いておられる。舎利弗《しゃりほつ》よ、その国土はどうして極楽《ごくらく》とよばれるのであろうか。

その国土の生きとし生けるものにはいろいろな苦しみがなく、ただ、さまざまな楽しみだけを受けている。それゆえに極楽とよばれているのである。

また、舎利弗《しゃりほつ》よ、極楽国土には、七重《ななえ》にとりまいた欄干《らんかん》、

羅《らー》網《もう》。七《しち》重《じゅう》行《ごう》樹《じゅー》。皆《かい》是《ぜー》四《しー》宝《ほう》。周《しゅう》帀《そう》囲《いー》繞《にょう》。是《ぜー》故《こー》彼《ひー》国《こく》。名《みょう》曰《わつ》極《ごく》楽《らく》。

又《うー》舎《しゃー》利《りー》弗《ほつ》。極《ごく》楽《らく》国《こく》土《どー》。有《うー》七《しっ》宝《ぽう》池《ちー》。八《はっ》功《くー》徳《どく》水《すい》。充《じゅう》満《まん》其《ごー》中《ちゅう》。池《ちー》底《たい》純《じゅん》以《にー》。金《こん》沙《しゃー》布《ふー》地《じー》。四《しー》辺《へん》階《かい》道《どう》。金《こん》銀《ごん》瑠《るー》

七重《しちじゅう》の欄楯《*らんじゅん》、七重《しちじゅう》の羅網《*らもう》、七《しち》重《じゅう》の行樹《*ごうじゅ》あり。皆《みな》、是《こ》れ四宝《しほう》をもって、周帀囲繞《しゅうそういにょう》す。是《こ》の故《ゆえ》に彼《か》の国《くに》を名《な》づけて極楽《ごくらく》と曰《い》う。

又《また》、舎利弗《しゃりほつ》よ、極楽国土《ごくらくこくど》には、七宝《しっぽう》の池有《いけあ》り。八功徳《*はっくどく》の水《みず》、其《そ》の中《なか》に充満《じゅうまん》す。池《いけ》の底《そこ》には純《もっぱ》ら金沙《こんしゃ》を以《もっ》て地《じ》に布《し》けり。

七重の鈴をつけた網、七重の並木（行樹《ごうじゅ》）があり、それらはすべて金・銀・瑠璃《るり》（青玉《せいぎょく》）・玻瓈《はり》（水晶《すいしょう》）の四種の宝石でできていて、国中を周《あまね》く取り囲んでいる。それゆえにこの国を極楽というのである。

また、舎利弗《しゃりほつ》よ、極楽国土には、七種の宝石で飾られた池がある。その池の中には八種の特性を持つ水が充満し、その底には、金の砂のみが一面に敷《し》かれている。池の周《まわ》りの四方の階段は、金・銀・瑠璃《るり》・

原文

璃《りー》。玻《はー》瓈《りー》合《ごう》成《じょう》。上《じょう》有《うー》楼《ろう》閣《かく》。亦《やく》以《いー》金《こん》銀《ごん》瑠《るー》璃《りー》。玻《はー》瓈《りー》硨《しゃー》磲《こー》。赤《しゃく》珠《しゅー》瑪《めー》瑙《のう》。而《にー》厳《ごん》飾《じき》之《しー》。池《ちー》中《ちゅう》蓮《れん》華《げー》。大《だい》如《にょー》車《しゃー》輪《りん》。青《しょう》色《しき》青《しょう》光《こう》。黄《おう》色《しき》黄《おう》光《こう》。赤《しゃく》色《しき》赤《しゃく》光《こう》。白《びゃく》色《しき》白《びゃく》光《こう》。微《みー》妙《みょう》香《こう》潔《けつ》。舎《しゃー》

読み下し

四辺《しへん》の階道《かいどう》は、金《こん》・銀《ごん》・*瑠璃《るり》・*玻瓈《はり》をもって合成《ごうじょう》す。〔階道《かいどう》の〕上《うえ》に楼《ろう》閣《かく》有《あ》り。亦《また》、金《こん》・銀《ごん》・瑠璃《るり》・玻瓈《はり》・*硨《しゃ》磲《こ》・*赤珠《しゃくしゅ》・瑪瑙《めのう》を以《もっ》て、之《これ》を厳飾《ごんじき》す。池《いけ》の中《なか》の蓮華《れんげ》、大《おお》きさ車輪《しゃりん》の如《ごと》し。青色《しょうしき》には青光《しょうこう》あり、黄色《おうしき》には黄光《おうこう》あり、赤色《しゃくしき》には赤光《しゃっこう》あり、白《びゃく》色《しき》には白光《びゃっこう》あり、微妙香潔《みみょうこうけつ》なり。

現代語訳

玻瓈《はり》という宝石からできている。また、階段の上には高殿《たかどの》があり、金・銀・瑠璃《るり》・玻瓈《はり》・硨《しゃ》磲《こ》・赤珠《しゃくしゅ》・瑪瑙《めのう》によって、美しく飾られている。池の中の蓮《はす》の華《はな》は車輪のように大きく、青色の花には青い光、黄色の花には黄色の光、赤色の花には赤い光、白色の花には白い光がそれぞれあり、まことに、清らかでかぐわしい。舎利弗《しゃりほつ》

利《りー》弗《ほつ》。極《ごく》楽《らく》国《こく》土《どー》。成《じょう》
就《じゅー》如《にょー》是《ぜー》。功《くー》徳《どく》荘《しょう》厳《ごん》。
又《うー》舎《しゃー》利《りー》弗《ほつ》。彼《ひー》仏《ぶつ》国《こく》
土《どー》。常《じょう》作《さー》天《てん》楽《がく》。黄《おう》金《ごん》
為《いー》地《じー》。昼《ちゅう》夜《やー》六《ろく》時《じー》。而《にー》
雨《うー》曼《まん》陀《だー》羅《らー》華《けー》。其《ごー》国《こく》
衆《しゅー》生《じょう》。常《じょう》以《いー》清《しょう》旦《たん》。各《かく》
以《いー》衣《えー》裓《こく》。盛《じょう》衆《しゅー》妙《みょう》華《けー》。
供《くー》養《よう》他《たー》方《ほう》。十《じゅう》万《まん》億《のく》

舎利弗《しゃりほつ》よ、極楽国土《ごくらくこくど》には、是《かく》の如《ごと》き功徳《くどく》の荘厳《しょうごん》を成就《じょうじゅ》せり。

又《また》、舎利弗《しゃりほつ》よ、彼《か》の仏国土《ぶっこくど》は、常《つね》に天楽《てんがく》を作《な》し、黄金《おうごん》の地《じ》と為《な》す。*昼夜六時《ちゅうやろくじ》、*曼陀羅華《まんだらけ》を雨《ふ》らす。其《そ》の国《くに》の衆生《しゅじょう》、常《つね》に清旦《しょうたん》を以《もっ》て、各《おのおの》衣裓《えこく》を以《もっ》て、衆《もろもろ》の妙華《みょうけ》を盛《も》り、

よ、極楽国土とは、このようにすぐれたしつらいで、美しく飾られているのである。

また、舎利弗《しゃりほつ》よ、その仏国《ぶっこく》土《ど》では常に天上《てんじょう》の音楽が演奏されている。大地は黄金《おうごん》からなり、昼も夜もいつも、天上より曼陀羅《まんだら》の花が降り、その国の生きとし生けるものは、夜明けにおのおの花皿に多くの美しい花を盛って、

**原文**

仏《ぶつ》。即《そく》以《いー》食《じき》時《じー》。還《げん》到《とう》本《ほん》国《ごく》。飯《ぼん》食《じき》経《きょう》行《ぎょう》。舎《しゃー》利《りー》弗《ほつ》。極《ごく》楽《らく》国《こく》土《どー》。成《じょう》就《じゅー》如《にょー》是《ぜー》。功《くー》徳《どく》荘《しょう》厳《ごん》。

復《ぶー》次《しー》舎《しゃー》利《りー》弗《ほつ》。彼《ひー》国《こく》常《じょう》有《うー》。種《しゅー》種《じゅー》奇《きー》妙《みょう》。雑《ざつ》色《しき》之《しー》鳥《ちょう》。白《びゃく》鵠《こう》孔《くー》雀《じゃく》。鸚《おう》鵡《むー》舎《しゃー》利《りー》。迦《かー》陵《りょう》頻《びん》

**読み下し**

他方《たほう》十万億《じゅうまんおく》の仏《ほとけ》を供養《くよう》し、即《すなわ》ち食《じき》時《じ》を以《もっ》て、還《かえ》りて本国《ほんごく》に到《いた》り、飯《ぼん》食《じき》し、*経行《きょうぎょう》す。舎利弗《しゃりほつ》よ、極楽国《ごくらくこく》土《ど》には、是《かく》の如《ごと》きの功徳《くどく》の荘厳《しょうごん》を成就《じょうじゅ》せり。

復《また》、次《つぎ》に、舎利弗《しゃりほつ》よ、彼《か》の国《くに》には、常《つね》に種種《しゅじゅ》の奇妙《きみょう》雑色《ざつしき》の鳥《とり》有《あ》り。白鵠《びゃっこう》・孔雀《くじゃく》・鸚鵡《おうむ》・*舎利《しゃり》・*迦陵頻《かりょうびん》

**現代語訳**

他の十万億の仏のところに行き、供養《くよう》する。そして、昼の食事のときに極楽国土に帰り、食事をし、休息をする。

舎利弗《しゃりほつ》よ、極楽国土とは、このようにすぐれたしつらいで、美しく飾られているのである。

また、つぎに、舎利弗《しゃりほつ》よ、その国には種々の珍しい鳥がたくさんいる。それらは白鳥、孔雀《くじゃく》、鸚鵡《おうむ》、百舌鳥《ひゃくぜつちょう》、妙音鳥《みょうおんちょう》、

伽《がー》。共《ぐー》命《みょう》之《しー》鳥《ちょう》。是《ぜー》諸《しょー》衆《しゅー》鳥《ちょう》。昼《ちゅう》夜《やー》六《ろく》時《じー》。出《すい》和《わー》雅《げー》音《おん》。其《ごー》音《おん》演《えん》暢《ちょう》。五《ごー》根《こん》五《ごー》力《りき》。七《しち》菩《ぼー》提《だい》分《ぶん》。八《はっ》聖《しょう》道《どう》分《ぶん》。如《にょー》是《ぜー》等《とう》法《ほう》。其《ごー》土《どー》衆《しゅー》生《じょう》。聞《もん》是《ぜー》音《おん》已《にー》。皆《かい》悉《しつ》念《ねん》仏《ぶつ》念《ねん》法《ぼう》念《ねん》僧《そう》。舎《しゃー》利《りー》弗《ほっ》。汝《にょー》勿《もつ》謂《いー》此《しー》鳥《ちょう》。実《じつ》是《ぜー》

伽《が》・*共命《ぐみょう》の鳥《とり》なり。

是《こ》の諸衆《もろもろ》の鳥《とり》、昼夜六時《ちゅうやろくじ》、和雅《わげ》の音《こえ》を出《いだ》す。

其《そ》の音《こえ》は、*五根《ごこん》・五力《ごりき》・*七菩提《しちぼだい》分《ぶん》・*八聖道分《はっしょうどうぶん》、是《かく》の如《ごと》き等《ら》の法《ほう》を演暢《えんちょう》す。其《そ》の土《ど》の衆生《しゅじょう》、是《こ》の音《こえ》を聞《き》き已《お》わりて、皆 悉《みなことごと》く、仏《ぶつ》を念《ねん》じ、法《ほう》を念《ねん》じ、僧《そう》を念《ねん》ず。

舎利弗《しゃりほっ》よ、汝《なんじ》、此《こ》の鳥《とり》は実《じつ》に是《こ》

命命鳥《みょうみょうちょう》などである。これらの鳥は昼も夜もいつも、優美で、調和のとれた声で鳴く。またそれらの声は、さとりの道にむかわせる五つのすぐれたはたらきや力、さとりに役立つ七つの事柄、八つの聖なる道などを説き明かしている。この国土の生きとし生けるものは、これらの鳥の声を聞き終わると、みな、仏《ほとけ》を念じ、法《ほう》を念じ、僧《そう》を念ずるようになる。

舎利弗《しゃりほっ》よ、あなたは、この

原文

罪《ざい》報《ほう》所《しょー》生《しょう》。所《しょー》以《いー》者《しゃー》何《がー》。彼《ひー》仏《ぶつ》国《こく》土《どー》。無《むー》三《さん》悪《まく》趣《しゅー》。舎《しゃー》利《りー》弗《ほつ》。其《ごー》仏《ぶつ》国《こく》土《どー》。尚《しょう》無《むー》三《さん》悪《まく》道《どう》之《しー》名《みょう》。何《がー》況《きょう》有《うー》実《じつ》。是《ぜー》諸《しょー》衆《しゅー》鳥《ちょう》。皆《かい》是《ぜー》阿《あー》弥《みー》陀《だー》仏《ぶつ》。欲《よく》令《りょう》法《ほう》音《おん》宣《せん》流《るー》。変《へん》化《げー》所《しょー》作《さー》。舎《しゃー》利《りー》

読み下し

れ罪報《ざいほう》の所生《しょしょう》と謂《い》うこと勿《なか》れ。所以《ゆえ》は何《いかん》。彼《か》の仏国土《ぶつこくど》には、三悪趣《さんまくしゅ》無《な》ければなり。舎利弗《しゃりほっ》よ、其《そ》の仏《ぶっ》国土《こくど》には、尚《なお》、三悪道《*さんまくどう》の名《な》も無《な》し。何《いか》に況《いわ》んや、実有《じつあ》らんや。是《こ》の諸《もろ》衆《もろ》の鳥《とり》は、皆《みな》、是《こ》れ阿弥陀仏《あみだぶっ》の法《ほう》音《おん》をして宣流《せんる》せしめんと欲《ほっ》し、変《へん》化《げ》し作《な》したまえる所《ところ》なり。

現代語訳

鳥が罪業《ざいごう》の報《むく》いで生まれたものと考えてはいけない。どうしてか。それはこの仏国土《ぶっこくど》には地獄《じごく》・餓鬼《がき》・畜生《ちくしょう》といった三つの悪道《あくどう》がないからである。舎利弗《しゃりほっ》よ、この仏国土には三《さん》悪道《あくどう》という名前もなく、ましてそれらが実体としてあるわけではない。これらの鳥は、みな、阿弥陀仏《あみだぶつ》が仏の教えを広めようと思い、作り出されたものなのである。

弗《ほっ》。彼《ひー》仏《ぶつ》国《こく》土《どー》。微《みー》風《ふう》
吹《すい》動《どう》。諸《しょー》宝《ほう》行《ごう》樹《じゅー》。及《ぎゅう》
宝《ほう》羅《らー》網《もう》。出《すい》微《みー》妙《みょう》音《おん》。
譬《ひー》如《にょー》百《ひゃく》千《せん》種《じゅー》楽《がく》。同《どう》
時《じー》倶《くー》作《さー》。聞《もん》是《ぜー》音《おん》者《しゃー》。
皆《かい》自《じー》然《ねん》生《じょう》。念《ねん》仏《ぶつ》念《ねん》
法《ぼう》。念《ねん》僧《そう》之《しー》心《しん》。舎《しゃー》利《りー》
弗《ほっ》。其《ごー》仏《ぶつ》国《こく》土《どー》。成《じょう》就《じゅー》
如《にょー》是《ぜー》。功《くー》徳《どく》荘《しょう》厳《ごん》。

舎利弗《しゃりほっ》よ、彼《か》の仏国土《ぶっこくど》には、微《み》風吹動《ふうすいどう》し、諸《もろもろ》の宝行樹及《ほうごうじゅおよ》び宝羅網《ほうらもう》は、微妙《みみょう》の音《こえ》を出《いだ》す。

譬《たと》うれば百千種《ひゃくせんじゅ》の楽《がく》を同時《どうじ》に倶《とも》に作《な》すが如《ごと》し。是《こ》の音《こえ》を聞《き》く者《もの》は、皆《みな》、自然《じねん》に念仏《ねんぶつ》・念法《ねんぼう》・念僧《ねんそう》の心《こころ》を生《しょう》ず。舎利弗《しゃりほっ》よ、其《そ》の仏国土《ぶっこくど》には、是《かく》の如《ごと》きの功徳《くどく》の荘厳《しょうごん》を成就《じょうじゅ》せり。

---

舎利弗《しゃりほっ》よ、その仏国土にはそよ風が吹き、さまざまな宝石で飾られた並木や網を動かし、なんともいえない美しい音が流れいでている。たとえていうならば、幾百、幾千の音楽が同時に演奏されているようなものである。この音を聞くものは、みな、自然に仏を念じ、法を念じ、僧を念ずる心を起こす。舎利弗《しゃりほっ》よ、その仏国土とは、このようなすぐれたしつらいで、美しく飾られているのである。

## 原文

舎《しゃー》利《りー》弗《ほっ》。於《おー》汝《にょー》意《いー》云《うん》何《がー》。彼《ひー》仏《ぶっ》何《がー》故《こー》。号《ごう》阿《あー》弥《みー》陀《だー》。舎《しゃー》利《りー》弗《ほっ》。彼《ひー》仏《ぶっ》光《こう》明《みょう》無《むー》量《りょう》。照《しょう》十《じっ》方《ぽう》国《こく》。無《むー》所《しょー》障《しょう》礙《げー》。是《ぜー》故《こー》号《ごう》為《いー》阿《あー》弥《みー》陀《だー》。又《うー》舎《しゃー》利《りー》弗《ほっ》。彼《ひー》仏《ぶっ》寿《じゅー》命《みょう》。及《ぎゅう》其《ごー》人《にん》民《みん》。無《むー》量《りょう》無《むー》辺《へん》。

## 読み下し

舎利弗《しゃりほっ》よ、汝《なんじ》の意《こころ》に於《お》いて云何《いかん》。彼《か》の仏《ほとけ》を何《なに》が故《ゆえ》に阿弥陀《あみだ》と号《ごう》すや。舎利弗《しゃりほっ》よ、彼《か》の仏《ほとけ》の光明《こうみょう》は無量《むりょう》にして、十方《じっぽう》の国《くに》を照《て》らして、障礙《しょうげ》する所無《ところな》し。是《こ》の故《ゆえ》に号《ごう》して阿弥《あみ》陀《だ》と為《な》す。又《また》、舎利弗《しゃりほっ》よ、彼《か》の仏《ほとけ》の寿命《じゅみょう》、及《およ》び其《そ》の人民《にんみん》〔の寿命《じゅみょう》〕、無量無辺《むりょうむへん》にして、*阿僧祇劫《あそうぎこう》なり。

## 現代語訳

舎利弗《しゃりほっ》よ、なんじはどう思うか。その仏はどうして阿弥《あみ》陀仏《だぶつ》といわれるのか。舎利弗《しゃりほっ》よ、その仏の光明《こうみょう》には限りがなく、十方《じっぽう》の国を照らしてもけっして何ものにも妨げられない。だから阿弥陀《あみだ》といわれるのである。

また、舎利弗《しゃりほっ》よ、その仏の寿命《じゅみょう》と、その仏の国土に生きる人々との寿命には限りがなく、永遠である。だから阿弥《あみ》

阿《あー》僧《そー》祇《ぎー》劫《こう》。故《こー》名《みょう》阿《あー》
弥《みー》陀《だー》。舎《しゃー》利《りー》弗《ほっ》。阿《あー》弥《みー》
陀《だー》仏《ぶつ》。成《じょう》仏《ぶつ》已《いー》来《らい》。於《おー》
今《こん》十《じっ》劫《こう》。又《うー》舎《しゃー》利《りー》弗《ほっ》。
彼《ひー》仏《ぶつ》有《うー》無《むー》量《りょう》無《むー》辺《へん》。
声《しょう》聞《もん》弟《でー》子《しー》。皆《かい》阿《あー》羅《らー》
漢《かん》。非《ひー》是《ぜー》算《さん》数《じゅー》。之《しー》所《しょー》
能《のう》知《ちー》。諸《しょー》菩《ぼー》薩《さっ》衆《しゅー》。亦《やく》
復《ぶー》如《にょー》是《ぜー》。舎《しゃー》利《りー》弗《ほっ》。彼《ひー》

故《ゆえ》に阿弥陀《あみだ》と名《な》づく。
舎利弗《しゃりほっ》よ、阿弥陀仏《あみだぶつ》は成仏《じょうぶつ》より
已来《このかた》、今《いま》に於《お》いて＊十劫《じっこう》なり。
又《また》、舎利弗《しゃりほっ》よ、彼《か》の仏《ほとけ》には無量《むりょう》
無辺《むへん》の＊声聞《しょうもん》の弟子《でし》有《あ》り。
皆《みな》、阿羅漢《あらかん》にして、是《こ》れ算数《さんじゅ》の
能《よ》く知《し》る所《ところ》に非《あら》ず。諸《もろもろ》の菩薩衆《ぼさつしゅ》も、
亦復《またまた》、是《かく》の如《ごと》し。
舎利弗《しゃりほっ》よ、彼《か》の仏国土《ぶっこくど》には、是《かく》

陀《だ》といわれるのである。

舎利弗《しゃりほっ》よ、阿弥陀仏《あみだぶつ》が仏と成ってから今まで、十劫《じっこう》という長い年月が過ぎている。

また、舎利弗《しゃりほっ》よ、その仏には、教えを聞きうけた弟子が限りなくいて、みな、阿羅漢《あらかん》の位《くらい》に達し、その数は数え尽くすことができない。さまざまな菩薩《ぼさつ》たちも、また同様である。

舎利弗《しゃりほっ》よ、その仏国土とは、このようなすぐれたしつらい

原文

仏《ぶつ》国《こく》土《どー》。成《じょう》就《じゅー》如《にょー》是《ぜー》。功《くー》徳《どく》荘《しょう》厳《ごん》。
又《うー》舎《しゃー》利《りー》弗《ほつ》。極《ごく》楽《らく》国《こく》土《どー》。衆《しゅー》生《じょう》生《しょう》者《じゃー》。皆《かい》是《ぜー》阿《あー》鞞《びー》跋《ばつ》致《ちー》。其《ごー》中《ちゅう》多《たー》有《うー》。一《いっ》生《しょう》補《ふー》処《しょー》。其《ごー》数《しゅー》甚《じん》多《たー》。非《ひー》是《ぜー》算《さん》数《じゅー》。所《しょー》能《のう》知《ちー》之《しー》。但《たん》可《かー》以《いー》無《むー》

読み下し

の如《ごと》きの功徳《くどく》の荘厳《しょうごん》を成就《じょうじゅ》せり。

又《また》、舎利弗《しゃりほつ》よ、極楽国土《ごくらくこくど》に衆生《しゅじょう》の生《う》まれたる者《もの》は、皆《みな》、是《こ》れ*阿鞞《あび》跋致《ばっち》なり。

其《そ》の中《なか》に多《おお》く、*一生補処《いっしょうふしょ》(の菩《ぼ》薩《さつ》)有《あ》り。

その数《かず》、甚《はなは》だ多《おお》し。是《こ》れ算数《さんじゅ》の能《よ》く之《これ》を知《し》る所《ところ》に非《あら》ず。

現代語訳

で、美しく飾られているのである。

また、舎利弗《しゃりほつ》よ、極楽国土に生まれた生きとし生けるものは、みな、仏となることが決まった菩薩《ぼさつ》で、けっしてその位から退くことがないもので、またその中の多くは、次に生まれかわるときには仏となる一生補処《いっしょうふしょ》の菩薩《ぼさつ》である。

その菩薩の数はたいへん多く、けっして数え尽くすことはできない。ただ、数限りない年

量《りょう》無《むー》辺《へん》。阿《あー》僧《そう》祇《ぎー》劫《こう》説《せつ》。舎《しゃー》利《りー》弗《ほつ》。衆《しゅー》生《じょう》聞《もん》者《じゃー》。応《おう》当《とう》発《ほつ》願《がん》。願《がん》生《しょう》彼《ひー》国《こく》。所《しょー》以《いー》者《しゃー》何《がー》。得《とく》与《よー》如《にょー》是《ぜー》。諸《しょー》上《じょう》善《ぜん》人《にん》。倶《くー》会《えー》一《いっ》処《しょー》。舎《しゃー》利《りー》弗《ほつ》。不《ふー》可《かー》以《いー》少《しょう》善《ぜん》根《ごん》。福《ふく》徳《とく》因《いん》縁《ねん》。得《とく》生《しょう》彼《ひー》国《こく》。舎《しゃー》利《りー》弗《ほつ》。若《にゃく》有《うー》善《ぜん》男《なん》

　但《ただ》、無量無辺《むりょうむへん》、阿僧祇劫《あそうぎこう》を以《もっ》て説《と》くべし。

　舎利弗《しゃりほつ》よ、衆生聞《しゅじょうき》かば、応当《まさ》に願《がん》を発《おこ》して、彼《か》の国《くに》に生《う》まれんと願《ねが》うべし。所以《ゆえ》は何《いかん》。是《かく》の如《ごと》きの諸《もろもろ》の上善人《じょうぜんにん》と倶《＊とも》に、一処《いっしょ》に会《え》することを得《う》ればなり。舎利弗《しゃりほつ》よ、少《しょう》なる善根《ぜんごん》・福徳《ふくとく》の因縁《いんねん》を以《もっ》て、彼《か》の国《くに》に生《う》まるるを得《う》べからず。

月をもって数えたなら、数え尽くすことができるかもしれない。

　舎利弗《しゃりほつ》よ、生きとし生けるもので、阿弥陀仏《あみだぶつ》とその極楽の国土について聞くものは、その国土に生まれたいという願《がん》を発《おこ》すべきである。なぜなら、そのようなもろもろのすぐれた善き人々と、その国土で会うことができるからである。舎利弗《しゃりほつ》よ、わずかな善行《ぜんこう》や福徳《ふくとく》をつむだけでは、その国には生まれることができな

## 原文

子《しー》善《ぜん》女《にょー》人《にん》。聞《もん》説《せつ》阿《あー》弥《みー》陀《だー》仏《ぶつ》。執《しゅう》持《じー》名《みょう》号《ごう》。若《にゃく》一《いち》日《にち》。若《にゃく》二《にー》日《にち》。若《にゃく》三《さん》日《にち》。若《にゃく》四《しー》日《にち》。若《にゃく》五《ごー》日《にち》。若《にゃく》六《ろく》日《にち》。若《にゃく》七《しち》日《にち》。一《いっ》心《しん》不《ふー》乱《らん》。其《ごー》人《にん》臨《りん》命《みょう》終《じゅう》時《じー》。阿《あー》弥《みー》陀《だー》仏《ぶつ》。与《よー》諸《しょー》聖《しょう》衆《じゅー》。現《げん》在《ざい》其《ごー》

## 読み下し

舎利弗《しゃりほつ》よ、若《も》し善男子《ぜんなんし》・善女人《ぜんにょにん》有《あ》りて、阿弥陀仏《あみだぶつ》を説《と》くを聞《き》き、*名号《みょうごう》を執持《しゅうじ》して、若《も》しは一日《いちにち》、若《も》しは二日《ににち》、若《も》しは三日《さんにち》、若《も》しは四日《しにち》、若《も》しは五日《ごにち》、若《も》しは六日《ろくにち》、若《も》しは七日《しちにち》、一心不乱《いっしんふらん》ならば、其《そ》の人命《ひといのち》終《お》わる時《とき》に臨《のぞ》んで、阿弥陀仏《あみだぶつ》は諸《もろもろ》の*聖衆《しょうじゅ》とともに、現《げん》に其《そ》の前《まえ》に在《あ》

## 現代語訳

いのである。

舎利弗《しゃりほつ》よ、もし善《よ》き男子・善き女子がいて、阿弥陀仏《あみだぶつ》の本《ほん》願《がん》のありがたいことを聞き、その名号《みょうごう》を常に心にたもち、一日、あるいは二日、あるいは三日、あるいは四日、あるいは五日、あるいは六日、あるいは七日の間、心が散乱しないなら、その人の臨終《りんじゅう》に際し、阿弥陀仏《あみだぶつ》はもろもろの聖なる弟子たちとともに、その人の前に現れるであろう。ま

前《ぜん》。是《ぜー》人《にん》終《じゅう》時《じー》。心《しん》不《ぷー》顛《てん》倒《どう》。即《そく》得《とく》往《おう》生《じょう》。阿《あー》弥《みー》陀《だー》仏《ぶつ》。極《ごく》楽《らく》国《こく》土《どー》。舎《しゃー》利《りー》弗《ほつ》。我《がー》見《けん》是《ぜー》利《りー》。故《こー》説《せつ》此《しー》言《ごん》。若《にゃく》有《うー》衆《しゅー》生《じょう》。聞《もん》是《ぜー》説《せつ》者《しゃー》。応《おう》当《とう》発《ほつ》願《がん》。生《しょう》彼《ひー》国《こく》土《どー》。舎《しゃー》利《りー》弗《ほつ》。如《にょー》我《がー》今《こん》者《じゃー》。讃《さん》歎《だん》阿《あー》弥《みー》陀《だー》仏《ぶつ》。不《ふー》

らん。

是《こ》の人《ひと》の〔命《いのち》〕終《お》わる時《とき》、心《こころ》、顛《てん》倒せず。即《すなわ》ち阿《あ》弥《み》陀《だ》仏《ぶつ》の極楽国土《ごくらくこくど》に往生《おうじょう》することを得《え》ん。

舎利弗《しゃりほつ》よ、我《われ》、是《こ》の利《り》を見《み》る。

故《ゆえ》に此《こ》の言《ごん》を説《と》く。

『若《も》し衆生《しゅじょう》有《あ》りて、是《こ》の説《せつ》を聞《き》かば、応当《まさ》に彼《か》の国土《こくど》に生《う》まれんと願《がん》を発《おこ》すべし』と。


た、その人は命が終わるとき、死の恐怖などで心が動揺したりすることがない。このため、その人は阿弥陀仏《あみだぶつ》の極楽国土に生まれることができるのである。

舎利弗《しゃりほつ》よ、わたしは、こうしたすばらしい点があることを知っているからこそ、こういうのである。『もし生きとし生けるものが、わたしのこの教えを聞くならば、かの国土に生まれたいという願《がん》を発《おこ》すべきである』と。

原文

可《かー》思《しー》議《ぎー》功《くー》徳《どく》。東《とう》方《ぼう》亦《やく》有《うー》。阿《あー》閦《しゅく》鞞《びー》仏《ぶつ》。須《しゅー》弥《みー》相《そう》仏《ぶつ》。大《だい》須《しゅー》弥《みー》仏《ぶつ》。須《しゅー》弥《みー》光《こう》仏《ぶつ》。妙《みょう》音《おん》仏《ぶつ》。如《にょー》是《ぜー》等《とう》。恒《ごう》河《がー》沙《しゃー》数《しゅー》諸《しょー》仏《ぶつ》。各《かく》於《おー》其《ごー》国《こく》。出《すい》広《こう》長《じょう》舌《ぜつ》相《そう》。徧《へん》覆《ぷー》三《さん》千《ぜん》。大《だい》千《せん》世《せー》界《かい》。説《せつ》誠《じょう》

読み下し

舎利弗《しゃりほつ》よ、我《われ》、今《いま》、阿弥陀仏《あみだぶつ》の不可思議《ふかしぎ》の功徳《くどく》を讃歎《さんだん》する如《ごと》く、東方《とうぼう》にも、亦《また》、阿閦鞞仏《あしゅくびぶつ》、須弥相《しゅみそう》仏《ぶつ》、大須弥仏《だいしゅみぶつ》、須弥光仏《しゅみこうぶつ》、妙音仏《みょうおんぶつ》、是《かく》の如《ごと》き等《ら》の恒河沙数《ごうがしゃしゅ》の諸仏《しょぶつ》有《あ》りて、各《おのおの》其《そ》の国《くに》に於《お》いて、広長《*こうじょう》の舌《ぜつ》相《そう》を出《いだ》し、偏《あまね》く三千大千世界《*さんぜんだいせんせかい》を覆《おお》いて、誠実《じょうじつ》の言《ごん》を説《と》きたもう。

現代語訳

舎利弗《しゃりほつ》よ、わたしが、いま、阿弥陀仏《あみだぶつ》の不可思議のすぐれた徳をほめたたえるように、東方にもまた、阿閦鞞仏《あしゅくびぶつ》、須弥相仏《しゅみそうぶつ》、大須弥仏《だいしゅみぶつ》、須弥光仏《しゅみこうぶつ》、妙音仏《みょうおんぶつ》など、ガンジス河の砂のごとく数の多い仏たちがおられ、おのおのの国において、仏の偉大な舌で三千大千世界《さんぜんだいせんせかい》を覆《おお》い、説くところのものが真実であることを証明し、このように説いておられる。

実《じつ》言《ごん》。汝《にょー》等《とう》衆《しゅー》生《じょう》。当《とう》信《しん》是《ぜー》称《しょう》讃《さん》。不《ふー》可《かー》思《しー》議《ぎー》功《くー》徳《どく》。一《いっ》切《さい》諸《しょー》仏《ぶつ》。所《しょー》護《ごー》念《ねん》経《ぎょう》。

舎《しゃー》利《りー》弗《ほっ》。南《なん》方《ぼう》世《せー》界《かい》。有《うー》日《にち》月《がつ》灯《とう》仏《ぶつ》。名《みょう》聞《もん》光《こう》仏《ぶつ》。大《だい》焔《えん》肩《けん》仏《ぶつ》。須《しゅー》弥《みー》灯《とう》仏《ぶつ》。無《むー》量《りょう》精《しょう》進《じん》仏《ぶつ》。如《にょー》是《ぜー》等《とう》。恒《ごう》河《がー》沙《しゃー》

『汝等《なんじら》衆生《しゅじょう》よ、当《まさ》に是《こ》の不可思議《ふかしぎ》の功徳《くどく》を称讃《しょうさん》し一切《いっさい》の諸仏《しょぶつ》の護念《ごねん》する所《ところ》の経《きょう》を信《しん》ずべし』と。

舎利弗《しゃりほっ》よ、南方世界《なんぽうせかい》に、日月灯《にちがっとう》仏《ぶつ》、名聞光仏《みょうもんこうぶつ》、大焔肩仏《だいえんけんぶつ》、須弥灯《しゅみとう》仏《ぶつ》、無量精進仏《むりょうしょうじんぶつ》、是《かく》の如《ごと》き等《ら》の恒《ごう》河沙数《がしゃしゅ》の諸仏《しょぶつ》有《あ》りて、各《おのおの》其《そ》の国《くに》に

『なんじら、生きとし生けるものよ、まさに、この阿弥陀《あみだ》仏《ぶつ》の不可思議のすぐれた徳をほめたたえ、すべての仏たちが護念《ごねん》するところの経を信じなさい』と。

舎利弗《しゃりほっ》よ、南方世界には、日月灯仏《にちがっとうぶつ》、名聞光仏《みょうもんこうぶつ》、大焔肩《だいえんけん》仏《ぶつ》、須弥灯仏《しゅみとうぶつ》、無量精進仏《むりょうしょうじんぶつ》など、ガンジス河の砂のごとく

## 原文

数《しゅー》諸《しょー》仏《ぶつ》。各《かく》於《おー》其《ごー》国《こく》。
出《すい》広《こう》長《じょう》舌《ぜつ》相《そう》。偏《へん》覆《ぷー》
三《さん》千《ぜん》。大《だい》千《せん》世《せー》界《かい》。説《せつ》
誠《じょう》実《じつ》言《ごん》。汝《にょー》等《とう》衆《しゅー》生《じょう》。
当《とう》信《しん》是《ぜー》称《しょう》讃《さん》。不《ふー》可《かー》
思《しー》議《ぎー》功《くー》徳《どく》。一《いっ》切《さい》諸《しょー》
仏《ぶつ》。所《しょー》護《ごー》念《ねん》経《ぎょう》。

舎《しゃー》利《りー》弗《ほつ》。西《さい》方《ほう》世《せー》界《かい》。

## 読み下し

於《お》いて、広長《こうじょう》の舌相《ぜっそう》を出《いだ》し、偏《あまね》く三千大千世界《さんぜんだいせんせかい》を覆《おお》いて、誠実《じょうじつ》の言《ごん》を説《と》きたもう。『汝等衆生《なんじらしゅじょう》よ、当《まさ》に是《こ》の不可思議《ふかしぎ》の功徳《くどく》を称讃《しょうさん》し一切《いっさい》の諸仏《しょぶつ》の護念《ごねん》する所《ところ》の経《きょう》を信《しん》ずべし』と。

舎利弗《しゃりほつ》よ、西方世界《さいほうせかい》に、無量寿《むりょうじゅ》

## 現代語訳

数の多い仏たちがおられ、おのおの国において、仏の偉大な舌で三千大千世界《さんぜんだいせんせかい》を覆《おお》い、説くところのものが真実であることを証明し、このように説いておられる。『なんじら、生きとし生けるものよ、まさに、この阿弥陀仏《あみだぶつ》の不可思議のすぐれた徳をほめたたえ、すべての仏たちが護念《ごねん》するところの経を信じなさい』と。

舎利弗《しゃりほつ》よ、西方《さいほう》世界には、無量寿仏《むりょうじゅぶつ》、無量相仏《むりょうそうぶつ》、無量幢《むりょうどう》

有《うー》無《むー》量《りょう》寿《じゅー》仏《ぶつ》。無《むー》量《りょう》相《そう》仏《ぶつ》。無《むー》量《りょう》幢《どう》仏《ぶつ》。大《だい》光《こう》仏《ぶつ》。大《だい》明《みょう》仏《ぶつ》。宝《ほう》相《そう》仏《ぶつ》。浄《じょう》光《こう》仏《ぶつ》。如《にょー》是《ぜー》等《とう》。恒《ごう》河《がー》沙《しゃー》数《しゅー》諸《しょー》仏《ぶつ》。各《かく》於《おー》其《ごー》国《こく》。出《すい》広《こう》長《じょう》舌《ぜつ》相《そう》。偏《へん》覆《ぷー》三《さん》千《ぜん》。大《だい》千《せん》世《せー》界《かい》。説《せつ》誠《じょう》実《じつ》言《ごん》。汝《にょー》等《とう》衆《しゅー》生《じょう》。当《とう》信《しん》是《ぜー》称《しょう》

仏《ぶつ》、無量相仏《むりょうそうぶつ》、無量幢仏《むりょうどうぶつ》、大光仏《だいこうぶつ》、大明仏《だいみょうぶつ》、宝相仏《ほうそうぶつ》、浄光仏《じょうこうぶつ》、是の如《ごと》き等《ら》の恒河沙数《ごうがしゃしゅ》の諸仏《しょぶつ》有《あ》りて、各《おのおの》其《そ》の国《くに》に於《お》いて、広長《こうじょう》の舌相《ぜつそう》を出《いだ》し、偏《あまね》く三千大千世界《さんぜんだいせんせかい》を覆《おお》いて、誠実《じょうじつ》の言《ごん》を説《と》きたもう。

『汝等《なんじら》衆生《しゅじょう》よ、当《まさ》に是《こ》の不可思議《ふかしぎ》

仏《ぶつ》、大光仏《だいこうぶつ》、大明仏《だいみょうぶつ》、宝相仏《ほうそうぶつ》、浄光仏《じょうこうぶつ》など、ガンジス河の砂のごとく数の多い仏たちがおられ、おのおのの国において、仏の偉大な舌で三千大千世界《さんぜんだいせんせかい》を覆《おお》い、説くところのものが真実であることを証明し、このように説いておられる。

『なんじら、生きとし生けるものよ、まさに、この阿弥陀《あみだ》仏《ぶつ》の不可思議のすぐれた徳を

### 原文

讃《さん》。不《ふー》可《かー》思《しー》議《ぎー》功《くー》徳《どく》。一《いっ》切《さい》諸《しょー》仏《ぶつ》。所《しょー》護《ごー》念《ねん》経《ぎょう》。

舎《しゃー》利《りー》弗《ほつ》。北《ほっ》方《ぽう》世《せー》界《かい》。有《うー》焔《えん》肩《けん》仏《ぶつ》。最《さい》勝《しょう》音《おん》仏《ぶつ》。難《なん》沮《しょー》仏《ぶつ》。日《にっ》生《しょう》仏《ぶつ》。網《もう》明《みょう》仏《ぶつ》。如《にょー》是《ぜー》等《とう》。恒《ごう》河《がー》沙《しゃー》数《しゅー》諸《しょー》仏《ぶつ》。各《かく》於《おー》

### 読み下し

の功徳《くどく》を称讃《しょうさん》し、一切《いっさい》の諸仏《しょぶつ》の護《ご》念《ねん》する所《ところ》の経《きょう》を信《しん》ずべし』と。

舎利弗《しゃりほつ》よ、北方世界《ほっぽうせかい》に、焔肩仏《えんけんぶつ》、最勝音仏《さいしょうおんぶつ》、難沮仏《なんしょぶつ》、日生仏《にっしょうぶつ》、網《もう》明仏《みょうぶつ》、是《か》の如《ごと》き等《ら》の恒河沙数《ごうがしゃしゅ》の諸《しょ》仏《ぶつ》有りて、各其《おのおのそ》の国《くに》に於《お》いて、広《こう》

### 現代語訳

ほめたたえ、すべての仏たちが護念《ごねん》するところの経を信じなさい』と。

舎利弗《しゃりほつ》よ、北方世界には、焔肩仏《えんけんぶつ》、最勝音仏《さいしょうおんぶつ》、難沮仏《なんしょぶつ》、日生仏《にっしょうぶつ》、網明仏《もうみょうぶつ》など、ガンジス河の砂のごとく数の多い仏たちがおられ、おのおの

其《ごー》国《こく》。出《すい》広《こう》長《じょう》舌《ぜつ》相《そう》。偏《へん》覆《ぷー》三《さん》千《ぜん》。大《だい》千《せん》世《せー》界《かい》。説《せつ》誠《じょう》実《じつ》言《ごん》。汝《にょー》等《とう》衆《しゅー》生《じょう》。当《とう》信《しん》是《ぜー》称《しょう》讃《さん》。不《ふー》可《かー》思《しー》議《ぎー》功《くー》徳《どく》。一《いっ》切《さい》諸《しょー》仏《ぶつ》。所《しょー》護《ごー》念《ねん》経《ぎょう》。舎《しゃー》利《りー》弗《ほつ》。下《げー》方《ほう》世《せー》界《かい》。有《うー》師《しー》子《しー》仏《ぶつ》。名《みょう》聞《もん》仏《ぶつ》。名《みょう》光《こう》仏《ぶつ》。達《だつ》摩《まー》仏《ぶつ》。法《ほう》

長《じょう》の舌相《ぜっそう》を出《いだ》し、偏《あまね》く三千大千世《さんぜんだいせんせ》界《かい》を覆《おお》いて、誠実《じょうじつ》の言《ごん》を説《と》きたもう。

『汝等衆生《なんじらしゅじょう》よ、当《まさ》に是《こ》の不可思議《ふかしぎ》の功徳《くどく》を称讃《しょうさん》し一切《いっさい》の諸仏《しょぶつ》の護念《ごねん》する所《ところ》の経《きょう》を信《しん》ずべし』と。

舎利弗《しゃりほつ》よ、下方世界《げほうせかい》に、師子仏《ししぶつ》、名聞仏《みょうもんぶつ》、名光仏《みょうこうぶつ》、達摩仏《だつまぶつ》、法幢仏《ほうどうぶつ》、

---

国において、仏の偉大な舌で三千大千世界《さんぜんだいせんせかい》を覆《おお》い、説くところのものが真実であることを証明し、このように説いておられる。

『なんじら、生きとし生けるものよ、まさに、この阿弥陀《あみだ》仏《ぶつ》の不可思議のすぐれた徳をほめたたえ、すべての仏たちが護念《ごねん》するところの経を信じなさい』と。

舎利弗《しゃりほつ》よ、下方《げほう》世界には、師子仏《ししぶつ》、名聞仏《みょうもんぶつ》、名光仏《みょうこうぶつ》、達《だつ》

原文

幢《どう》仏《ぶつ》。持《じー》法《ほう》仏《ぶつ》。如《にょー》是《ぜー》等《とう》。恒《ごう》河《がー》沙《しゃー》数《しゅー》諸《しょー》仏《ぶつ》。各《かく》於《おー》其《ごー》国《こく》。出《すい》広《こう》長《じょう》舌《ぜっ》相《そう》。偏《へん》覆《ぷー》三《さん》千《ぜん》大《だい》千《せん》世《せー》界《かい》。説《せつ》誠《じょう》実《じつ》言《ごん》。汝《にょー》等《とう》衆《しゅー》生《じょう》。当《とう》信《しん》是《ぜー》称《しょう》讃《さん》。不《ふー》可《かー》思《しー》議《ぎー》功《くー》徳《どく》。一《いっ》切《さい》諸《しょー》仏《ぶつ》。所《しょー》護《ごー》

読み下し

持法仏《じほうぶつ》、是《かく》の如《ごと》き等《ら》の恒河沙数《ごうがしゃしゅ》の諸仏《しょぶつ》有《あ》りて、各《おのおの》其《そ》の国《くに》に於《お》いて、広長《こうじょう》の舌相《ぜっそう》を出《いだ》し、偏《あまね》く三千大千《さんぜんだいせん》世界《せかい》を覆《おお》いて、誠実《じょうじつ》の言《ごん》を説《と》きたもう。『汝等衆生《なんじらしゅじょう》よ、当《まさ》に是《こ》の不《ふ》可思議《かしぎ》の功徳《くどく》を称讃《しょうさん》し、一切《いっさい》の諸《しょ》仏《ぶつ》の護念《ごねん》する所《ところ》の経《きょう》を信《しん》ずべし』と。

現代語訳

摩《ま》仏《ぶつ》、法幢仏《ほうどうぶつ》、持法仏《じほうぶつ》など、ガンジス河の砂のごとく数の多い仏たちがおられ、おのおのの国において、仏の偉大な舌で三千大千《さんぜんだいせん》世界《せかい》を覆《おお》い、説くところのものが真実であることを証明し、このように説いておられる。『なんじら、生きとし生けるものよ、まさに、この阿弥陀仏《あみだぶつ》の不可思議のすぐれた徳をほめたたえ、すべての仏たちが護念《ごねん》するところの経を信じなさい』と。

念《ねん》経《ぎょう》。舎《しゃー》利《りー》弗《ほつ》。上《じょう》方《ほう》世《せー》界《かい》。有《うー》梵《ぼん》音《のん》仏《ぶつ》。宿《しゅく》王《おう》仏《ぶつ》。香《こう》上《じょう》仏《ぶつ》。香《こう》光《こう》仏《ぶつ》。大《だい》焔《えん》肩《けん》仏《ぶつ》。雑《ざつ》色《しき》宝《ほう》華《けー》厳《ごん》身《しん》仏《ぶつ》。娑《しゃー》羅《らー》樹《じゅー》王《おう》仏《ぶつ》。宝《ほう》華《けー》徳《とく》仏《ぶつ》。見《けん》一《いっ》切《さい》義《ぎー》仏《ぶつ》。如《にょー》須《しゅー》弥《みー》山《せん》仏《ぶつ》。如《にょー》是《ぜー》等《とう》。恒《ごう》河《がー》沙《しゃー》

舎利弗《しゃりほつ》よ、上方世界《じょうほうせかい》に、梵音仏《ぼんのんぶつ》、宿王仏《しゅくおうぶつ》、香上仏《こうじょうぶつ》、香光仏《こうこうぶつ》、大焔肩《だいえんけん》仏《ぶつ》、雑色宝華厳身仏《ざつしきほうけごんしんぶつ》、娑羅樹王仏《しゃらじゅおうぶつ》、宝華徳仏《ほうけとくぶつ》、見一切義仏《けんいっさいぎぶつ》、如須弥山《にょしゅみせん》仏《ぶつ》、是《かく》の如《ごと》き等《ら》の恒河沙数《ごうがしゃしゅ》の諸仏《しょぶつ》

---

舎利弗《しゃりほつ》よ、上方世界《じょうほうせかい》には、梵音仏《ぼんのんぶつ》、宿王仏《しゅくおうぶつ》、香上仏《こうじょうぶつ》、香《こう》光仏《こうぶつ》、大焔肩仏《だいえんけんぶつ》、雑色宝華厳《ざつしきほうけごん》身仏《しんぶつ》、娑羅樹王仏《しゃらじゅおうぶつ》、宝華徳仏《ほうけとくぶつ》、見一切義仏《けんいっさいぎぶつ》、如須弥山仏《にょしゅみせんぶつ》など、ガンジス河の砂のごとく数の

原文

数《しゅー》諸《しょー》仏《ぶつ》。各《かく》於《おー》其《ごー》国《こく》。出《すい》広《こう》長《じょう》舌《ぜつ》相《そう》。偏《へん》覆《ぷー》三《さん》千《ぜん》。大《だい》千《せん》世《せー》界《かい》。説《せつ》誠《じょう》実《じつ》言《ごん》。汝《にょー》等《とう》衆《しゅー》生《じょう》。当《とう》信《しん》是《ぜー》称《しょう》讃《さん》。不《ふー》可《かー》思《しー》議《ぎー》功《くー》徳《どく》。一《いっ》切《さい》諸《しょー》仏《ぶつ》。所《しょー》護《ごー》念《ねん》経《ぎょう》。

舎《しゃー》利《りー》弗《ほつ》。於《おー》汝《にょー》意《いー》云《うん》

読み下し

有《あ》りて、各《おのおの》其《そ》の国《くに》に於《お》いて、広長《こうじょう》の舌相《ぜっそう》を出《いだ》し、偏《あまね》く三千大千世界《さんぜんだいせんせかい》を覆《おお》いて、誠実《じょうじつ》の言《ごん》を説《と》きたもう。『汝等衆生《なんじらしゅじょう》よ、当《まさ》に是《こ》の不可思議《ふかしぎ》の功徳《くどく》を称讃《しょうさん》し一切《いっさい》の諸仏《しょぶつ》の護念《ごねん》する所《ところ》の経《きょう》を信《しん》ずべし』と。

舎利弗《しゃりほつ》よ、汝《なんじ》の意《こころ》に於《お》いて云何《いかん》。

現代語訳

多い仏たちがおられ、おのおのの国において、仏の偉大な舌で三千大千世界《さんぜんだいせんせかい》を覆《おお》い、説くところのものが真実であることを証明し、このように説いておられる。『なんじら、生きとし生けるものよ、まさに、この阿弥陀仏《あみだぶつ》の不可思議のすぐれた徳をほめたたえ、すべての仏たちが護念《ごねん》するところの経を信じなさい』と。

舎利弗《しゃりほつ》よ、なんじはどう思うか。どうして〈すべての仏たち

何《がー》。何《がー》故《こー》名《みょう》為《いー》。一《いっ》切《さい》諸《しょー》仏《ぶつ》。所《しょー》護《ごー》念《ねん》経《ぎょう》。舎《しゃー》利《りー》弗《ほつ》。若《にゃく》有《うー》善《ぜん》男《なん》子《しー》善《ぜん》女《にょー》人《にん》。聞《もん》是《ぜー》諸《しょー》仏《ぶつ》所《しょー》説《せつ》名《みょう》。及《ぎゅう》経《きょう》名《みょう》者《しゃー》。是《ぜー》諸《しょー》善《ぜん》男《なん》子《しー》善《ぜん》女《にょー》人《にん》。皆《かい》為《いー》一《いっ》切《さい》諸《しょー》仏《ぶつ》。共《ぐー》所《しょー》護《ごー》念《ねん》。皆《かい》得《とく》不《ふー》退《たい》転《てん》。於《おー》阿《あー》耨《のく》多《たー》羅《らー》

何《なに》が故《ゆえ》に名《な》づけて、一切《いっさい》の諸仏《しょぶつ》の護念《ごねん》する所《ところ》の経《きょう》と為《な》すや。

舎利弗《しゃりほつ》よ、若《も》し善男子《ぜんなんし》・善女人《ぜんにょにん》有《あ》りて、是《こ》の諸仏《しょぶつ》の説《と》く所《ところ》の名及《みなおよ》び経《きょう》の名《な》を聞《き》かば、是《こ》の諸《もろもろ》の善男子《ぜんなんし》・善女人《ぜんにょにん》は、皆《みな》、一切《いっさい》の諸仏《しょぶつ》の共《とも》に護念《ごねん》する所《ところ》と為《な》り、皆《みな》、*阿耨多羅三《あのくたらさん》

が護念するところの経〉というのか。

舎利弗《しゃりほつ》よ、もし善《よ》き男子・善き女子で、この仏たちがほめたたえている、阿弥陀仏《あみだぶつ》の名《みな》とその経の名を聞くものは、みな、すべての仏たちに護念され、このうえないさとりよりけっして退くことがないからである。

原文

三《さん》藐《みゃく》三《さん》菩《ぼー》提《だい》。是《ぜー》故《こー》舎《しゃー》利《りー》弗《ほっ》。汝《にょー》等《とう》皆《かい》当《とう》。信《しん》受《じゅー》我《がー》語《ごー》。及《ぎゅう》諸《しょー》仏《ぶっ》所《しょー》説《せっ》。舎《しゃー》利《りー》弗《ほっ》。若《にゃく》有《うー》人《にん》。已《いー》発《ほっ》願《がん》。今《こん》発《ほっ》願《がん》。当《とう》発《ほっ》願《がん》。欲《よく》生《しょう》阿《あー》弥《みー》陀《だー》仏《ぶっ》国《こく》者《しゃー》。是《ぜー》諸《しょー》人《にん》等《とう》。皆《かい》得《とく》不《ふー》退《たい》転《てん》。於《おー》

読み下し

藐《みゃく》三《さん》菩《ぼ》提《だい》を退転《たいてん》せざるを得《え》ん。

是《こ》の故《ゆえ》に、舎利弗《しゃりほつ》よ、汝等《なんじら》、皆《みな》、当《まさ》に我《わ》が語及《ごおよ》び諸仏《しょぶつ》の説《と》く所《ところ》を信《しん》受《じゅ》すべし。

舎利弗《しゃりほつ》よ、若《も》し人《ひと》有《あ》りて、已《すで》に願《がん》を発《おこ》し、今願《いまがん》を発《おこ》し、当《まさ》に願《がん》を発《おこ》し、阿弥陀仏《あみだぶつ》の国《くに》に生《う》まれんと欲《ほっ》せば、是《こ》の諸《もろもろ》の人等《ひとら》、皆《みな》、阿耨《あのく》

現代語訳

だからこそ、舎利弗《しゃりほつ》よ、なんじらは、みな、わたしのことばと、多くの仏たちの説くことばを信じ受け入れなさい。

舎利弗《しゃりほつ》よ、もしも極楽に生まれたいと願《がん》を発《おこ》した人、いま、願《がん》を発《おこ》している人、これから発《おこ》そうとしている人は、みな、このうえないさとりよりけっして退くことはないで

阿《あー》耨《のく》多《たー》羅《らー》三《さん》藐《みゃく》三《さん》菩《ぼー》提《だい》。於《おー》彼《ひー》国《こく》土《どー》。若《にゃく》已《いー》生《しょう》。若《にゃく》今《こん》生《じょう》。若《にゃく》当《とう》生《しょう》。是《ぜー》故《こー》舎《しゃー》利《りー》弗《ほっ》。諸《しょー》善《ぜん》男《なん》子《しー》善《ぜん》女《にょー》人《にん》。若《にゃく》有《うー》信《しん》者《じゃー》。応《おう》当《とう》発《ほっ》願《がん》。生《しょう》彼《ひー》国《こく》土《どー》。

舎《しゃー》利《りー》弗《ほっ》。如《にょー》我《がー》今《こん》者《じゃー》。称《しょう》讃《さん》諸《しょー》仏《ぶつ》。不《ふー》可《かー》思《しー》

多《た》羅《ら》三《さん》藐《みゃく》三《さん》菩《ぼ》提《だい》を退転《たいてん》せざるを得《え》ん。彼《か》の国土《こくど》に於《お》いて、若《も》しは已《すで》に生《う》まれ、若《も》しは今生《いまう》まれ、若《も》しは当《まさ》に生《う》まれん。是《こ》の故《ゆえ》に、舎《しゃ》利弗《りほつ》よ、諸《もろもろ》の善男子《ぜんなんし》・善女人《ぜんにょにん》、若《も》し信有《しんあ》らば、応当《まさ》に彼《か》の国土《こくど》に生《う》まれんと願《がん》を発《おこ》すべし。

舎利弗《しゃりほつ》よ、我《われ》、今《いま》、諸仏《しょぶつ》の不可《ふか》思議《しぎ》の功徳《くどく》を称讃《しょうさん》する如《ごと》く、彼《か》の

あろう。そして、あの極楽にすでに生まれているし、あるいは生まれつつあるし、あるいはこれからまさに生まれるであろう。このゆえに、舎利《しゃり》弗《ほつ》よ、多くの善い男子・善い女子で信仰のあるものは、あの極楽に生まれようと願《がん》を発《おこ》すべきである。

舎利弗《しゃりほつ》よ、わたしが、いま、仏たちの不可思議のすぐれた

原文

議《ぎー》功《くー》徳《どく》。彼《ひー》諸《しょー》仏《ぶつ》等《とう》。亦《やく》称《しょう》説《せつ》我《がー》。不《ふー》可《かー》思《しー》議《ぎー》功《くー》徳《どく》。而《にー》作《さー》是《ぜー》言《ごん》。釈《しゃ》迦《か》牟《む》尼《に》仏《ぶつ》。能《のう》為《いー》甚《じん》難《なん》。希《けー》有《うー》之《しー》事《じー》。能《のう》於《おー》娑《しゃー》婆《ばー》国《こく》土《どー》。五《ごー》濁《じょく》悪《あく》世《せー》。劫《こう》濁《じょく》。見《けん》濁《じょく》。煩《ぼん》悩《のう》濁《じょく》。衆《しゅー》生《じょう》濁《じょく》。命《みょう》濁《じょく》

読み下し

諸仏《しょぶつ》等《ら》も、亦《また》、我《わ》が不可思議《ふかしぎ》の功《く》徳《どく》を称説《しょうせつ》して、是《こ》の言《ごん》を作《な》す。

『釈迦牟尼仏《しゃかむにぶつ》は、能《よ》く、甚難《じんなん》・希有《けう》の事《じ》を為《な》し、能《よ》く、*娑婆国土《しゃばこくど》の、五濁悪世《ごじょくあくせ》の劫濁《こうじょく》、見濁《けんじょく》、煩悩濁《ぼんのうじょく》、衆生濁《しゅじょうじょく》、命濁《みょうじょく》の中《なか》に於《お》いて、

現代語訳

徳をほめたたえているように、その仏たちもまた、わたしの不可思議のすぐれた徳をほめたたえ、このようにいっておられる。『釈尊《しゃくそん》はまことになしがたい、世にもまれなことをなしとげられた。時代の汚れ、思想の汚れ、煩悩《ぼんのう》による汚れ、人が質的に低下する人間の汚れ、人の寿命が短くなる命の汚れといった五つの汚れに満ちた悪世《あくせ》の娑婆《しゃば》世界に

中《ちゅう》。得《とく》阿《あー》耨《のく》多《たー》羅《らー》三《さん》
藐《みゃく》三《さん》菩《ぼー》提《だい》。為《いー》諸《しょー》衆《しゅー》
生《じょう》。説《せつ》是《ぜー》一《いっ》切《さい》世《せー》間《けん》。
難《なん》信《しん》之《しー》法《ほう》。舎《しゃー》利《りー》弗《ほつ》。
当《とう》知《ちー》我《がー》於《おー》。五《ごー》濁《じょく》悪《あく》
世《せー》。行《ぎょう》此《しー》難《なん》事《じー》。得《とく》阿《あー》
耨《のく》多《たー》羅《らー》三《さん》藐《みゃく》三《さん》菩《ぼー》
提《だい》。為《いー》一《いっ》切《さい》世《せー》間《けん》。説《せっ》
此《しー》難《なん》信《しん》之《しー》法《ほう》。是《ぜー》為《いー》

阿耨多羅三藐三菩提《あのくたらさんみゃくさんぼだい》を得《え》、諸《もろもろ》の衆《しゅ》生《じょう》の為《ため》に、是《こ》の一切《いっさい》の世間《せけん》に難信《なんしん》の法《ほう》を説《と》きたもう』と。

舎利弗《しゃりほつ》よ、当《まさ》に知《し》るべし。我《われ》、五濁悪世《ごじょくあくせ》に於《お》いて、此《こ》の難事《なんじ》を行《ぎょう》じ、阿耨多羅三藐三菩提《あのくたらさんみゃくさんぼだい》を得《え》、一《いっ》切《さい》の世間《せけん》の為《ため》に、此《こ》の難信《なんしん》の法《ほう》を説《と》く。是《こ》れ甚《はなは》だ難《かた》しと為《な》す。」

あって、みずからこのうえないさとりを得、生きとし生けるもののために、すべての世の人々にとって信じがたい教えを説かれた』と。

舎利弗《しゃりほつ》よ、次のように知るべきである。わたしはこの五つの汚れた悪世の中において、なしとげがたいことをなしとげ、このうえないさとりを得、すべての世のために、信じがたい教えを説いた。これはわたしにとってもきわめて難しいことであった。」

原文

甚《じん》難《なん》。仏《ぶっ》説《せつ》此《しー》経《きょう》已《いー》。
舎《しゃー》利《りー》弗《ほっ》。及《ぎゅう》諸《しょー》比《びー》丘《くー》。
一《いっ》切《さい》世《せ》間《けん》。天《てん》人《にん》阿《あ》
修《しゅ》羅《ら》等《とう》。聞《もん》仏《ぶつ》所《しょ》説《せつ》。
歓《かん》喜《ぎ》信《しん》受《じゅ》。作《さ》礼《らい》而《に》
去《こ》。
仏《ぶっ》説《せつ》阿《あ》弥《み》陀《だ》経《きょう》

読み下し

仏《ほとけ》、此《こ》の経《きょう》を説《と》き已《おわ》るに、舎利《しゃり》弗《ほつ》、及《およ》び諸《もろもろ》の比丘《びく》、一切世間《いっさいせけん》の天《てん》・人《にん》*・阿修羅等《あしゅらとう》は、仏《ほとけ》の説《と》く所《ところ》を聞《き》き、歓喜《かんぎ》し、信受《しんじゅ》して、礼《れい》を作《な》して去《さ》れり。

仏《ほとけ》の説《と》きたまいし阿弥陀経《あみだきょう》

現代語訳

仏陀《ぶつだ》がこの経を説き終えられると、舎利弗《しゃりほつ》、およびもろもろの修行者《しゅぎょうしゃ》(比丘《びく》)、すべての神々・人間・阿修羅《あしゅら》たちは、仏陀《ぶつだ》の説いた教えを聞いて、歓喜《かんぎ》し、信じ了解し、礼拝《らいはい》して立ち去ったのである。

仏のお説きになった阿弥陀《あみだ》経《きょう》を終わる。



ことば

**姚秦《ようしん》**＝後秦《こうしん》のこと。五胡十六国《ごこじゅうろっこく》の一つ。

**鳩摩羅什《くまらじゅう》**＝クマーラジーヴァ(三四四～四一三)の音訳。略して羅什《らじゅう》ともいう。

中央アジアの亀茲国《きじこく》の生まれで、長安に住み仏典の翻訳《ほんやく》にあたった。

**舎衛国**《しゃえこく》＝サンスクリット語では、シュラーヴァスティー。釈尊《しゃくそん》在世の頃にあった中インドの都市で、コーサラ国の首都。祇園精舎《ぎおんしょうじゃ》はここにあった。現在のサヘート・マヘート。

**阿羅漢**《あらかん》＝サンスクリット語のアルハトの音訳で、略して羅漢《らかん》ともいう。小乗仏教における最高のさとりに達した僧。

**長老**＝仏道に入って年を経た、徳の高い僧。

**舎利弗**《しゃりほつ》＝釈尊の十大弟子の一人で、智慧《ちえ》第一といわれた人物。

**摩訶目犍連**《まかもっけんれん》＝釈尊の十大弟子の一人で、神通《じんずう》第一といわれた人物。略して目連《もくれん》という。

**摩訶迦葉**《まかかしょう》＝釈尊の十大弟子の一人で、頭《ず》陀《だ》第一といわれた人物。頭陀とは、サンスクリット語のドゥータの音訳で、衣食住の三つの執着を取り去り、仏道を修行すること。

**摩訶迦旃延**《まかかせんねん》＝釈尊の十大弟子の一人で、論議第一といわれた人物。

**摩訶倶絺羅**《まかくちら》＝釈尊の弟子の中で、問答第一といわれた人物。

**離婆多**《りはた》＝舎利弗《しゃりほつ》の末弟《まってい》で、少欲知足《しょうよくちそく》の修行をした人物。

**周利槃陀伽**《しゅりはんだか》＝周利槃特《しゅりはんどく》ともいわれる。釈尊の弟子であったが、きわめて愚鈍であったため愚路《ぐろ》といわれた。

**難陀**《なんだ》＝釈尊の異母弟で、釈尊は彼を諸根《しょこん》調伏《じょうぶく》第一といった。

**阿難陀**《あなんだ》＝阿難《あなん》ともいわれる。釈尊の十大弟子の一人で、多聞《たもん》第一といわれた人物。

**羅睺羅**《らごら》＝釈尊の十大弟子の一人で、密《みつ》行《ぎょう》第一といわれた人物。釈尊の実子。

**憍梵波提**《きょうぼんはだい》＝舎利弗《しゃりほつ》を師として、解律《げりつ》第一といわれた。

**賓頭盧頗羅堕**《びんずるはらだ》＝釈尊の弟子の中で、獅子《しし》吼《く》第一といわれた人物。

**迦留陀夷**《かるだい》＝カピラヴァスツの大臣の子で、仏弟子《ぶつでし》の一人。

**摩訶劫賓那**《まかこうひんな》＝釈尊の弟子の中で、知星《ちせい》宿《しゅく》第一といわれた人物。

**薄拘羅**《はくら》＝長寿第一といわれた仏弟子。少《しょう》欲知足《よくちそく》の生活をした。

**阿㝹楼駄**《あぬるだ》＝阿那律《あなりつ》ともいわれる。釈尊の十大弟子の一人で、天眼《てんげん》第一といわれた人物。

**菩薩**《ぼさつ》**・摩訶薩**《まかさつ》＝菩薩《ぼさつ》は、サンスクリット語のボーディ・サットヴァの音訳である「菩《ぼ》提薩埵《だいさった》」の略。ボーディは「さとり」を、サットヴァは「生けるもの」を意味する。自らのさとりは後にして、人々が救われることを願いとする者のこと。摩訶薩《まかさつ》は、サンスクリット語のマハー・サットヴァの音訳で、菩薩の尊称である。仏典の中ではよく「菩薩摩訶薩」と続けて用いられる。

**文殊師利法王子**《もんじゅしりほうおうじ》＝文殊菩薩《もんじゅぼさつ》のこと。仏の智慧《ちえ》を象徴する菩薩。

**阿逸多菩薩**《あいったぼさつ》＝玄奘《げんじょう》訳では無能勝菩薩《むのうしょうぼさつ》で、しばしば弥勒菩薩《みろくぼさつ》と混同される。

**乾陀訶提菩薩**《けんだかだいぼさつ》＝尊貴第一といわれる菩薩。

**常精進菩薩**《じょうしょうじんぼさつ》＝玄奘訳では不休息菩薩《ふきゅうそくぼさつ》。

**釈提桓因**《しゃくだいかんいん》＝帝釈天《たいしゃくてん》。仏教に入り仏教の守護神となった。インドラ神ともいう。

**極楽**《ごくらく》＝サンスクリット語は、スカーヴァティーで、楽しみを有するという意味。安楽、安養《あんにょう》とも訳される。

**欄楯**《らんじゅん》＝極楽の寺院・宮殿を飾る囲いのこと。

**羅網**《らもう》＝珠玉(サンスクリット本では鈴)で飾られた網のこと。

**行樹**《ごうじゅ》＝サンスクリット本ではターラ樹の並木とされる。

**八功徳水**《はっくどくすい》＝澄浄《ちょうじょう》、清冷《しょうれい》、甘美《かんび》、軽軟《きょうなん》、潤沢《じゅんたく》、安和《あんわ》、飲むと飢渇《きかつ》などのさまざまな苦しみを除く、飲むといっそうの利益《りやく》を得る、の八つの特性をもつ水のこと。

**瑠璃**《るり》＝青色の宝石。七宝《しっぽう》の一つ。

**玻瓈**《はり》＝水晶のこと。七宝の一つ。

**硨磲**《しゃこ》＝大きな美しい貝で、七宝の一つ。

**赤珠**《しゃくしゅ》＝七宝の一つで、赤い珠のこと。

**昼夜六時**《ちゅうやろくじ》＝一日を昼と夜に二分し、昼が晨《じん》朝《ちょう》・日中《にっちゅう》・日没《にちぼつ》、夜が初夜《しょや》・中夜《ちゅうや》・後夜《ごや》で、あわせて六時になるというもの。一日中という意味。

**曼陀羅華**《まんだらけ》＝天上に咲くという花で、天妙《てんみょう》華《け》と訳される。

**経行**《きょうぎょう》＝坐禅《ざぜん》の折、眠気を催した時、あるいは体を動かす必要のある時、一定の場所を歩くこと。経行は「きんひん」ともよむ。

**舎利**《しゃり》＝羽が黒く、脚が黄色で、嘴《くちばし》が橙《だいだい》色《いろ》の鳥。人間のことばを暗誦《あんしょう》できるといわれる。

**迦陵頻伽**《かりょうびんが》＝鳴き声の最高に美しい鳥。藪《やぶ》鶯《うぐいす》に似ている。

**共命の鳥**《ぐみょうのとり》＝二頭一身の鳥で、きじの類といわれる。

**五根・五力**《ごこん・ごりき》＝信根《しんこん》・精進根《しょうじんこん》・念根《ねんこん》・定根《じょうこん》・慧根《えこん》のことで、根《こん》とは能力の意。五力《ごりき》とは五根のはたらきで、信仰・努力・憶念《おくねん》(心に念じて記憶すること)・禅定《ぜんじょう》(精神を統一すること)・智慧《ちえ》のこと。

**七菩提分**《しちぼだいぶん》＝七覚支《しちかくし》ともいう。択法《ちゃくほう》覚支(真偽をみきわめ、偽を捨て真を択《えら》ぶこと)・精進《しょうじん》覚支(択《えら》んだ真実に専念、努力すること)・喜《き》覚支(真実の実践を喜ぶこと)・軽《きょう》安《あん》覚支(心身をよい状態に保つこと)・捨《しゃ》覚支（執着を起こさないこと）・定《じょう》覚支（心を一つに集中すること）・念《ねん》覚支（禅定《ぜんじょう》と智《ち》慧《え》を念ずること）。

**八聖道**《はっしょうどう》＝八正道《はっしょうどう》ともいう。涅槃《ねはん》に至る八つの徳目で、正見《しょうけん》（正しい見解）・正思惟《しょうしゆい》（正しい思考）・正語《しょうご》（正しいことば）・正業《しょうごう》（正しい行い）・正精進《しょうしょうじん》（正しい努力）・正《しょう》命《みょう》（正しい生活）・正念《しょうねん》（正しい想念）・正《しょう》定《じょう》（正しい精神統一）のこと。

**三悪道**《さんまくどう》＝地獄《じごく》・餓鬼《がき》・畜生《ちくしょう》を総称して三悪道という。地獄とは非常に大きな苦しみのある世界、餓鬼とは飢餓《きが》感に常にさいなまれる世界、畜生とは愚痴《ぐち》の者が悪い行為の結果として生まれる苦しみの多い世界のこと。

**阿僧祇劫**《あそうぎこう》＝阿僧祇《あそうぎ》とは、サンスクリット語のアサンキャの音訳で、十の五十九乗のこと、数うべからざるの意。無数、無限。劫《こう》については、次の「十劫《じっこう》」を参照。

**十劫**《じっこう》＝劫《こう》とは、サンスクリット語のカルパの音訳で、きわめて長い時間のことをいう。次の二説が有名である。一つは、百六十キロメートル四方の城に芥子粒《けしつぶ》を満たし、三年に一度それを一つずつ取り出し、取り尽くす時間である。二つは、百六十キロメートル四方の大石に、天女《てんにょ》が三年に一度降りてきて、衣で触れてその大石を磨滅《まめつ》し尽くす時間である。

**声聞**《しょうもん》**の弟子**《でし》＝声聞《しょうもん》とは、仏の教えを聞き、さとりを開く者のこと。

**阿鞞跋致**《あびばっち》＝サンスクリット語のアヴィニヴァルタニーヤの音訳で、不退転とか無《む》退《たい》とか訳される。仏になることが定まっており、けっして迷いの世界に退くことがないという意味。

**一生補処**《いっしょうふしょ》＝一生所繋《いっしょうしょけ》ともいう。一生だけ迷いの世界に縛られるが、次の生（世）には必ず仏になることができるという位のこと。

**倶**《とも》**に一処**《いっしょ》**に会**《え》**する（倶会一処**《くえいっしょ》**）**＝多くの人々が倶《とも》に一処《いっしょ》（極楽）で会うことができるという意味で、墓石などによく刻まれる。

**名号**《みょうごう》＝名号とは、一般的には仏・菩薩の名をいうが、ここでは阿弥陀仏の名のこと。

**聖衆**《しょうじゅ》＝ここの場合は菩薩などを意味する。

**広長**《こうじょう》**の舌相**《ぜっそう》＝仏には三十二の身体的特徴（三十二相）があり、その一つが大きな舌である。また、その舌が三千大千世界を覆《おお》うと、仏の説いたところのものが虚妄《こもう》ではなく、真実である証拠になるといわれる。

**三千大千世界**《さんぜんだいせんせかい》＝古代インド人の宇宙観では、須弥山《しゅみせん》を中心とした九海八山、ならびに上は色界初禅天《しきかいしょぜんてん》から下は風輪《ふうりん》までを一小世界とし、これを千あわせたものを一小千世界、一小千世界を千あわせたものを一中千世界、一中千世界を千あわせたものを一大千世界とする。一大千世界は小中大の三種の千世界からなるため、三千大千世界という。

**阿耨多羅三藐三菩提《あのくたらさんみゃくさんぼだい》**＝サンスクリット語のアヌッタラ・サンミャクサンボーディの音訳で、無上正等覚《むじょうしょうとうがく》と訳される。

**娑婆国土《しゃばこくど》**＝もろもろの苦しみを忍受《にんじゅ》しなければならない世界。娑婆とは、サンスクリット語のサハーの音訳であり、忍土《にんど》などと訳す。

**阿修羅《あしゅら》**＝サンスクリット語のアスラの音訳で、略して修羅《しゅら》。インドの神で、戦闘を好む鬼神《きじん》。

**解説**

仏教では死後、六道《ろくどう》（地獄・餓鬼・畜生・修羅・人間・天）を輪廻《りんね》するが、仏教の教えに出会い、修行すれば六道の輪から抜け出て仏の世界に生まれることができるとされています。

とくに仏の世界の中で、最も多くの人々の憧《あこが》れと信仰を集めてきたのが、阿弥陀仏の西方極楽浄土《さいほうごくらくじょうど》です。『阿弥陀経』とはまさにその極楽の世界のあり様、素晴らしさを説いたお経です。

このお経を現代人の感覚でよりよく理解するには「方便《ほうべん》」という概念《がいねん》が有効に思えます。

「方便」とは、サンスクリット語のウパーヤ、近づく、到達するという意味からでている言葉です。いろいろに解釈されていますが、ここでは仏が人々を悟りの世界、あるいは仏の世界に導くための、すぐれた智慧《ちえ》、行《ぎょう》、手立《てだて》と理解したいと思います。

何度議論し、何度尋《たず》ねられたかしれないのは、『阿弥陀経』に説かれる極楽のことです。「極楽は西方の遠い遠いところに実在するのですか、美しい極楽の宮殿、樹木、池、川の流れは本当にあるのですか」という問いです。

仏教は仏に関して三つの考えを示しています。法身《ほっしん》・報身《ほうじん》・化身《けしん》という三身説《さんじんせつ》です。

法身とは色も形もない法を本体とした仏である。これが仏の基本です。そして、仏は、仏そのものがよく分からない者には具体的な形で仏を示し、その世界がよく分からない者には具体的な形で世界(浄土)を示してきました。すなわち究極の世界に人々を近づけ、導くために極楽や具体的な仏の姿を示してきたのです。

そういう具体的な手掛かりがあった方が、実は私たちにとって、その世界に入りやすく、行きやすいところがあります。

色も形もない仏や、極楽浄土では、私たちには近づきようも、行きようもないのです。



**❖コラム❖導かれて**

法然は「南無阿弥陀仏」と称《とな》えれば、誰でも極楽に生まれることができるという教えを広め、鎌倉仏教の口火を切った。難行苦行の教えではすべての人々の救いにはならないと、法然は聖道門を捨て、浄土門を選んだと理解されている。社会科の教科書にもそう書いてある。まさにそのとおりだが、信仰の方面より考えると、これは大きな誤りに思えてならない。

九条武子は「大いなるものゝ力にひかれゆくわが足あとのおぼつかなしや」という歌を詠んだ。

私たちは実は大きな力に導かれ、生きている。法然の南無阿弥陀仏と称えれば救われるという教えは法然が見出したものではない。阿弥陀仏が私たちのために、大昔に準備してくださったものなのである。ただ、法然はそれに気が付き、導かれたということなのである。

## 正信念仏偈《しょうしんねんぶつげ》

浄土真宗

浄土真宗の教えの真髄《しんずい》を簡潔に説いたものです。親鸞《しんらん》の主著『教行信証《きょうぎょうしんしょう》』の行巻《ぎょうかん》の終わりに見られるもので、七言百二十句よりなる偈文《げもん》。「正信偈《しょうしんげ》」ともいわれます。『無量寿経《むりょうじゅきょう》』に明らかにされた信心の世界と、この世界を伝えた七高僧の徳とを讃えています。お寺の朝夕の勤行《ごんぎょう》などさまざまな折に、拝読《はいどく》されます。原文の読み下しは『浄土真宗聖典』（発行者　浄土真宗本願寺派、発行所　本願寺出版部）の『教行信証』を参考にさせて頂きました。

### 原文

帰《きー》命《みょう》無《むー》量《りょう》寿《じゅー》如《にょー》来《らーい》
南《なー》無《もー》不《ふー》可《かー》思《しー》議《ぎー》光《こーう》
法《ほう》蔵《ぞう》菩《ぼー》薩《さつ》因《いん》位《にー》時《じーい》
在《ざい》世《せー》自《じー》在《ざい》王《おう》仏《ぶつ》所《しょーお》

### 読み下し

無量寿如来《むりょうじゅにょらい》に帰命《きみょう》し、
*不可思議光《ふかしぎこう》に南無《なも》したてまつる。
*法蔵菩薩《ほうぞうぼさつ》の因位《いんに》のとき、
*世自在王仏《せじざいおうぶつ》の所《みもと》にましまして、

### 現代語訳

無量の寿命《じゅみょう》と限りない光を特性とする阿弥陀如来《あみだにょらい》に帰依《きえ》したてまつる。如来が、法蔵菩薩といわれた求道者《ぐどうしゃ》であった時、師の世自在王仏《せじざいおうぶつ》のみもとで、諸仏の浄土の建立《こんりゅう》のいわれや、国土に住むものたちの

観《とー》見《けん》諸《しょー》仏《ぶつ》浄《じょう》土《どー》因《いーん》
国《こく》土《どー》人《にん》天《でん》之《しー》善《ぜん》悪《まーく》
建《こん》立《りゅう》無《むー》上《じょう》殊《しゅ》勝《しょう》願《がーん》
超《ちょう》発《ほつ》希《けーえ》有《う》大《だーい》弘《ぐ》誓《ぜーい》
五《ごー》劫《こう》思《しー》惟《ゆい》之《しー》摂《しょう》受《じゅーう》
重《じゅう》誓《せい》名《みょう》声《しょう》聞《もん》十《じっ》方《ぽーう》
普《ふー》放《ほう》無《むー》量《りょう》無《むー》辺《へん》光《こーう》
無《むー》碍《げー》無《むー》対《たい》光《こう》炎《えん》王《のーう》
清《しょう》浄《じょう》歓《かん》喜《ぎー》智《ちー》慧《えー》光《こーう》

諸仏《しょぶつ》の*浄土《じょうど》の因《いん》、
国土人天《こくどにんでん》の善悪《ぜんまく》を観見《とけん》して、
無上殊勝《むじょうしゅしょう》の願《がん》を建立《こんりゅう》し、
希有《けう》の大《だい》*誓願《せいがん》を超発《ちょうほつ》せり。
*五劫《ごこう》これを思惟《しゆい》して摂受《しょうじゅ》す。
重《かさ》ねて誓《ちこ》うらくは、名声《みょうしょう》十方《じっぽう》に聞《きこ》えんと。
あまねく無量《むりょう》・*無辺光《むへんこう》、
*無碍《むげ》・*無対《むたい》・*光炎王《こうえんのう》、
*清浄《しょうじょう》・*歓喜《かんぎ》・*智慧光《ちえこう》、

善悪を観察し、苦悩にあるものを救おうと、この上ない願を建て、世にもまれな大誓願を発《おこ》された。五劫《ごこう》の間考え、諸仏の浄土の長所を選び取って、四十八願《しじゅうはちがん》にまとめあげられ重ねて南無阿弥陀仏という名号《みょうごう》が全世界に聞かれ、称《とな》えられるように誓われた。その放ちたもう光明は、いつでも、どこでも、妨《さまた》げるものもなく、比べるものもなく、威力《いりょく》にみち、清らかで、喜びにみち、智慧《ちえ》そのもので、絶えること

### 原文

不《ふー》断《だん》難《なん》思《しー》無《むー》称《しょう》光《こーう》
超《ちょう》日《にち》月《がつ》光《こう》照《しょう》塵《じん》刹《せーつ》
一《いっ》切《さい》群《ぐん》生《じょう》蒙《むー》光《こう》照《しょーう》
本《ほん》願《がん》名《みょう》号《ごう》正《しょう》定《じょう》業《ごーう》
至《しー》心《しん》信《しん》楽《ぎょう》願《がん》為《にー》因《いーん》
成《じょう》等《とう》覚《がく》証《しょう》大《だい》涅《ねー》槃《はーん》
必《ひっ》至《しー》滅《めつ》度《どー》願《がん》成就《じょうじゅーう》
如《にょ》来《らい》所《しょーお》以《い》興《こう》出《しゅっ》世《せーえ》

### 読み下し

*不断《ふだん》・*難思《なんじ》・*無称光《むしょうこう》、
超日月光《ちょうにちがっこう》を放《はな》ちて*塵刹《じんせつ》を照《て》らす。
一切《いっさい》の群生《ぐんじょう》、光照《こうしょう》を蒙《こうむ》る。
*本願《ほんがん》の名号《みょうごう》は*正定《しょうじょう》の業《ごう》なり。
至心信楽《ししんしんぎょう》の願《がん》を因《いん》とす。
*等覚《とうがく》を成《な》り*大涅槃《だいねはん》を証《しょう》することは、
必至滅度《ひっしめつど》の願成就《がんじょうじゅ》なり。
如来《にょらい》、世《よ》に興出《こうしゅつ》したもうゆえは、

### 現代語訳

もない。人間の思いや計《はか》り事《ごと》を超え、日月の輝きをしのぎ、全世界のすみずみまで照らしている。一切の生けるものは、この光に照らされている。南無阿弥陀仏の名号は往生《おうじょう》のための正しい行《ぎょう》で、至心信楽《ししんしんぎょう》の願（十八願）を因《いん》としている。仏となる身が決定し、涅槃《ねはん》を得ることができるのは、必至《ひっし》滅度《めつど》の願《がん》（十一願）が成就《じょうじゅ》されているからである。釈尊《しゃくそん》がこの世に出現された目的は、た

唯《ゆい》説《せっ》弥《みー》陀《だー》本《ほん》願《がん》海《かーい》
五《ごー》濁《じょく》悪《あく》時《じー》群《ぐん》生《じょう》海《かーい》
応《おう》信《しん》如《にょー》来《らい》如《にょー》実《じつ》言《ごーん》
能《のう》発《ほっ》一《いち》念《ねん》喜《きー》愛《あい》心《しーん》
不《ふー》断《だん》煩《ぼん》悩《のう》得《とく》涅《ねー》槃《はーん》
凡《ぼん》聖《じょう》逆《ぎゃく》謗《ほう》斉《さい》廻《えー》入《にゅーう》
如《にょー》衆《しゅー》水《しい》入《にゅう》海《かい》一《いち》味《みーい》
摂《せっ》取《しゅー》心《しん》光《こう》常《じょう》照《しょう》護《ごーお》
已《いー》能《のう》雖《すい》破《はー》無《むー》明《みょう》闇《あーん》

ただ弥陀《みだ》の本願海《ほんがんかい》を説《と》かんとなり。
*五濁悪世《ごじょくあくせ》の群生海《ぐんじょうかい》、
如来如実《にょらいにょじつ》の言《みこと》を信《しん》ずべし。
よく一念喜愛《いちねんきあい》の心《しん》を発《ほっ》すれば、
*煩悩《ぼんのう》を断《だん》ぜずして涅槃《ねはん》を得《う》るなり。
凡聖《ぼんじょう》・*逆謗斉《ぎゃくほうひと》しく回入《えにゅう》すれば、
衆水海《しゅすいうみ》に入《い》りて一味《いちみ》なるがごとし。
摂取《せっしゅ》の心光《しんこう》、つねに照護《しょうご》したもう。
すでによく*無明《むみょう》の闇《やみ》を破《は》すといえども、

---

だ阿弥陀如来の大海《たいかい》のような本願《ほんがん》を説くためであった。五濁《ごじょく》の悪世《あくせ》の人たちよ、釈尊の真実の言葉を信ずべきである。よく本願を信じ、喜ぶ心が発《おこ》れば、煩悩《ぼんのう》を断《た》たずして、悟《さと》りを開く身となる。凡夫《ぼんぶ》も聖者《しょうじゃ》も、五逆罪《ごぎゃくざい》を犯《おか》し仏法《ぶっぽう》を謗《そし》った者も本願《ほんがん》に帰入《きにゅう》すれば、川の水が大海に流れ入れば塩《しお》味《あじ》の海水となるごとく、救われる。阿弥陀如来の救い取ってすてない光明は私たちを照らし護《まも》ってくださる。光明は

原文

貪《とん》愛《ない》瞋《しん》憎《ぞう》之《しー》雲《うん》霧《むーう》
常《じょう》覆《ふ》真《しん》実《じつ》信《しん》心《じん》天《てーん》
譬《ひー》如《にょー》日《にっ》光《こう》覆《ふー》雲《うん》霧《むーう》
雲《うん》霧《むー》之《しー》下《げー》明《みょーう》無《む》闇《あーん》
獲《ぎゃく》信《しん》見《けん》敬《きょう》大《だい》慶《きょう》喜《きーい》
即《そく》横《おう》超《ちょう》截《ぜつ》五《ごー》悪《あく》趣《しゅーう》
一《いっ》切《さい》善《ぜん》悪《まく》凡《ぼん》夫《ぶー》人《にーん》
聞《もん》信《しん》如《にょ》来《らい》弘《ぐー》誓《ぜい》願《がーん》

読み下し

＊貪愛《とんない》・＊瞋憎《しんぞう》の雲霧《うんむ》、
つねに真実信心《しんじつしんじん》の天《てん》に覆《おお》えり。
たとえば日光《にっこう》の雲霧《うんむ》に覆《おお》わるれども、
雲霧《うんむ》の下《した》あきらかにして闇《やみ》なきがごとし。
信《しん》を獲《え》て見《み》て敬《うやま》い大《おお》きに慶喜《きょうき》すれば、
すなわち横《よこさま》に＊五悪趣《ごあくしゅ》を超截《ちょうぜつ》す。
一切善悪《いっさいぜんまく》の＊凡夫人《ぼんぶにん》、
如来《にょらい》の弘誓願《ぐぜいがん》を聞信《もんしん》すれば、

現代語訳

無明《むみょう》の闇《やみ》を断《た》ち切《き》ってくださるというが、貪《むさぼ》りや憎《にく》しみといった煩悩《ぼんのう》の雲や霧が、真実の信心の天を覆《おお》いかくしている。日の光が雲や霧に覆《おお》われていても、雲や霧の下は明るく、闇《やみ》がないように、信心の人は煩悩《ぼんのう》に覆《おお》われていても、心の闇《やみ》は消えている。信心を得て、如来《にょらい》を敬《うやま》い、喜ぶなら、五つの迷いの世界を横ざまに超える。善人・悪人の別なく、一切の凡夫《ぼんぶ》が、阿弥陀如来の

仏《ぶつ》言《ごん》広《こう》大《だい》勝《しょう》解《げー》者《しゃーあ》
是《ぜー》人《にん》名《みょーう》分《ふん》陀《だー》利《りー》華《けー》
弥《みー》陀《だー》仏《ぶつ》本《ほん》願《がん》念《ねん》仏《ぶーつ》
邪《じゃー》見《けん》憍《きょう》慢《まん》悪《なく》衆《しゅー》生《じょーう》
信《しん》楽《ぎょう》受《じゅー》持《じー》甚《じん》以《にー》難《なーん》
難《なん》中《ちゅう》之《しー》難《なん》無《むー》過《かー》斯《しーい》
印《いん》度《どー》西《さい》天《てん》之《しー》論《ろん》家《げーえ》
中夏日《ちゅーうかーあじーちー》域《いき》之《しー》高《こう》僧《そーう》
顕《けん》大《だい》聖《しょう》興《こう》世《せー》正《しょう》意《いーい》

仏《ぶつ》、広大勝解《こうだいしょうげ》のひととのたまえり。
この人《ひと》を*分陀利華《ふんだりけ》と名づく。
弥陀仏《みだぶつ》の本願念仏《ほんがんねんぶつ》は、
*邪見《じゃけん》・*憍慢《きょうまん》の*悪衆生《あくしゅじょう》、
*信楽受持《しんぎょうじゅじ》することははなはだもって難《かた》し。
難《なん》のなかの難《なん》これに過《す》ぎたるはなし。
印度西天《いんどさいてん》の論家《ろんげ》、
中夏《ちゅうか》・日域《じちいき》の高僧《こうそう》、
大聖興世《だいしょうこうせ》の正意《しょうい》を顕《あらわ》し、

本願を聞き、信ずるなら、釈尊はその人たちを「大いなる智《ち》慧者《えしゃ》」、また「白蓮華《びゃくれんげ》」と呼ぶ。阿弥陀仏の本願念仏は、邪《よこしま》な見解を持ち、おごりたかぶった人にとっては、信じたもつことははなはだ難しく、難中《なんちゅう》の難《なん》で、これ以上のものはない。西の国インドの論家《ろんげ》、中国や日本の高僧たちは大聖《だいしょう》釈尊がこの世に現れた本意《ほんい》を顕《あらわ》し、阿弥陀如来の本願こそ凡夫《ぼんぶ》の能力にかなっていることを明らかにされた。

## 原文

明《みょう》如《にょー》来《らい》本《ほん》誓《ぜい》応《おう》機《きーい》
釈《しゃー》迦《かー》如《にょー》来《らい》楞《りょう》伽《がー》山《せーん》
為《いーいー》衆《しゅー》告《ごーう》命《みょーう》南《なん》天《てん》竺《じーく》
龍《りゅう》樹《じゅー》大《だーい》士《じ》出《しゅつ》於《とー》世《せーえ》
悉《しつ》能《のう》摧《ざい》破《はー》有《うー》無《むー》見《けーん》
宣《せん》説《ぜつ》大《だい》乗《じょう》無《むー》上《じょう》法《ほーう》
証《しょう》歓《かん》喜《ぎー》地《じー》生《しょう》安《あん》楽《らーく》
顕《けん》示《じー》難《なん》行《ぎょう》陸《ろく》路《ろー》苦《くーう》

## 読み下し

如来《にょらい》の*本誓《ほんぜい》、機《き》に応《おう》ぜることを明《あ》かす。
釈迦如来《しゃかにょらい》、楞伽山《りょうがせん》にして、
衆《しゅう》のために告命《ごうみょう》したまわく、
南天竺《なんてんじく》に*龍樹大士《りゅうじゅだいじ》世《よ》に出《い》でて、
ことごとくよく有無《うむ》の見《けん》を摧破《ざいは》せん。
*大乗無上《だいじょうむじょう》の法《ほう》を宣説《せんぜつ》し、
歓喜地《かんぎじ》を証《しょう》して安楽《あんらく》を生《しょう》ぜんと。
*難行《なんぎょう》の陸路《ろくろ》、苦《くる》しきことを顕示《けんじ》して、

## 現代語訳

釈迦如来は、楞伽山《りょうがせん》で人々に予言された。「南インドに龍樹《りゅうじゅ》菩薩《ぼさつ》が現われ、有《う》と無《む》の二辺にかたよる見方を打《う》ち砕《くだ》き、大乗仏教の究極の教えを説《と》き弘《ひろ》め、不退転《ふたいてん》の地位を得、命《いのち》終《お》わって安楽浄土《あんらくじょうど》に生まれるであろう」と。龍樹菩薩は、自力の難行《なんぎょう》は陸路を歩むように苦しいことを明らかにし、他力《たりき》の易行《いぎょう》は船《ふな》路《じ》を行くように楽しみに満ちていると説かれた。阿弥陀仏

信《しん》楽《ぎょう》易《いー》行《ぎょう》水《しい》道《どう》楽《らーく》
憶《おく》念《ねん》弥《みー》陀《だー》仏《ぶつ》本《ほん》願《がーん》
自《じーいー》然《ねーん》即《そーおく》時《じーいー》入《にゅう》必《ひつ》定《じょーう》
唯《ゆい》能《のう》常《じょう》称《しょう》如《にょー》来《らい》号《ごーう》
応《おう》報《ほう》大《だーい》悲《ひ》弘《ぐー》誓《ぜい》恩《おーん》
天《てん》親《じん》菩《ぼー》薩《さつ》造《ぞう》論《ろん》説《せーつ》
帰《きー》命《みょう》無《むー》碍《げー》光《こう》如《にょー》来《らーい》
依《えー》修《しゅー》多《たー》羅《らー》顕《けん》真《しん》実《じーつ》
光《こう》闡《せん》横《おう》超《ちょう》大《だい》誓《せい》願《がーん》

*易行《いぎょう》の水道《すいどう》、楽《たの》しきこと信楽《しんぎょう》せしむ。
弥陀仏《みだぶつ》の本願《ほんがん》を憶念《おくねん》すれば、
自然《じねん》に即《そく》のとき必定《ひつじょう》に入《い》る。
ただよくつねに如来《にょらい》の号《みな》を称《しょう》して、
大悲弘誓《だいひぐぜい》の恩《おん》を報《ほう》ずべしといえり。
*天親菩薩《てんじんぼさつ》*『論《ろん》』を造《つく》りて説《と》かく、
*無碍光如来《むげこうにょらい》に*帰命《きみょう》したてまつる。
*修多羅《しゅたら》によりて真実《しんじつ》を顕《あらわ》して、
横超《おうちょう》の大誓願《だいせいがん》を光闡《こうせん》す。

---

の本願を信ずる者は、必ず仏になる身と定まる。このため、常に南無阿弥陀仏を称《とな》え、如来の大悲《だいひ》のご恩《おん》に報《むく》いる生活をすべきであるともいわれた。天親菩薩《てんじんぼさつ》は『浄土論《じょうどろん》』を著《あら》わし、無碍光如来《むげこうにょらい》に帰命《きみょう》することを述べられた。『無量寿経《むりょうじゅきょう》』によって、真実を顕《あらわ》し、如来の本願が横ざまに迷いの世界を超え、さとりをもたらすことを明らかにされた。
如来がわたしたちに回《めぐ》らせた本願力によって、生けるもの

原文

広《こーう》由《ゆ》本《ほん》願《がん》力《りき》回《えー》向《こーう》
為《いー》度《どー》群《ぐん》生《じょう》彰《しょう》一《いっ》心《しーん》
帰《きー》入《にゅう》功《くー》徳《どく》大《だい》宝《ほう》海《かーい》
必《ひつ》獲《ぎゃく》入《にゅう》大《だい》会《えー》衆《しゅー》数《しゅーう》
得《とく》至《しー》蓮《れん》華《げー》蔵《ぞう》世《せー》界《かーい》
即《そく》証《しょう》真《しん》如《にょー》法《ほっ》性《しょう》身《じーん》
遊《ゆう》煩《ぼん》悩《のう》林《りん》現《げん》神《じん》通《ずーう》
入《にゅう》生《しょう》死《じー》園《おん》示《じー》応《おう》化《げーえ》

読み下し

広《ひろ》く本願力《ほんがんりき》の*回向《えこう》によりて、
群生《ぐんじょう》を度《ど》せんがために一心《いっしん》を彰《あらわ》す。
功徳大宝海《くどくだいほうかい》に帰入《きにゅう》すれば、
かならず大会衆《だいえしゅ》の数《かず》に入《い》ることを獲《う》。
*蓮華蔵世界《れんげぞうせかい》に至《いた》ることを得《う》れば、
すなわち*真如法性《しんにょほっしょう》の身《しん》を証《しょう》せしむと。
煩悩《ぼんのう》の林《はやし》に遊《あそ》んで*神通《じんずう》を現《げん》じ、
生死《しょうじ》の園《その》に入《い》りて応化《おうげ》を示《しめ》すといえり。

現代語訳

を救うべく、一心すなわち信心を明らかにされた。

天親菩薩は「本願の功徳《くどく》の大《だい》宝海《ほうかい》に帰入《きにゅう》すれば、必ずこの世で浄土の菩薩の仲間に入ることができ、命が終わった後には、蓮華《れんげ》の咲く浄土に生まれ、真理を体得《たいとく》した仏になる。また、煩悩《ぼんのう》の林に遊び、神通《じんずう》力《りき》を現し、迷いの世界に入り、教化《きょうけ》をなす」と説かれた。

梁《りょう》の武帝《ぶてい》は曇鸞大師《どんらんだいし》のところに向かい、常《つね》に曇鸞菩薩《どんらんぼさつ》と崇《あが》

本《ほん》師《しー》曇《どん》鸞《らん》梁《りょう》天《てん》子《しーい》
常《じょう》向《こう》鸞《らん》処《しょー》菩《ぼー》薩《さつ》礼《らーい》
三《さん》蔵《ぞう》流《るー》支《しー》授《じゅー》浄《じょう》教《きょーう》
焚《ぼん》焼《じょう》仙《せん》経《ぎょう》帰《きー》楽《らく》邦《ほーう》
天《てん》親《じん》菩《ぼー》薩《さつ》論《ろん》註《ちゅう》解《げーえ》
報《ほう》土《どー》因《いん》果《がー》顕《けん》誓《せい》願《がーん》
往《おう》還《げん》回《ねー》向《こう》由《ゆー》他《たー》力《りーき》
正《しょう》定《じょう》之《しー》因《いん》唯《ゆい》信《しん》心《じーん》
惑《わく》染《ぜん》凡《ぼん》夫《ぶー》信《しん》心《じん》発《ぼーっ》

本師《ほんし》*曇鸞《どんらん》は、梁《りょう》の天子《てんし》、
つねに鸞《らん》のところに向《む》かいて菩薩《ぼさつ》と礼《らい》したてまつる。
*三蔵《さんぞう》*流支《るし》、*浄教《じょうきょう》を授《さず》けしかば、
*仙経《せんぎょう》を焚焼《ぼんじょう》して楽邦《らくほう》に帰《き》したまいき。
天親菩薩《てんじんぼさつ》の『論《ろん》』を註解《ちゅうげ》して、
報土《ほうど》の*因果誓願《いんがせいがん》に顕《あらわ》す。
*往還《おうげん》の回向《えこう》は他力《たりき》による。
*正定《しょうじょう》の因《いん》ただ信心《しんじん》なり。
*惑染《わくぜん》の凡夫《ぼんぶ》、信心発《しんじんほっ》すれば、

133

めた。曇鸞大師《どんらんだいし》は、三蔵法師《さんぞうほうし》の菩提流支《ぼだいるし》に『観無量寿経《かんむりょうじゅきょう》』を授《さず》けられ、仙術《せんじゅつ》の書を焼き捨て、浄土の教えに帰依《きえ》された。大師《だいし》は天親菩薩《てんじんぼさつ》の『浄土《じょうど》論《ろん》』を註釈され、「浄土建立《こんりゅう》の因果《いんが》も阿弥陀如来の本願によるもので、また往相《おうそう》も還相《げんそう》もすべて阿弥陀如来の他力《たりき》による。この他力《たりき》を信ずる信心のみが浄土に往生するための正しい因《いん》である」といわれた。「煩悩《ぼんのう》に染《そ》まった凡夫《ぼんぶ》も信心を発《おこ》せば、迷いの世界にありなが

原文

証《しょう》知《ち》生《しょう》死《じ》即《そく》涅《ねー》槃《はーん》
必《ひっ》至《しー》無《むー》量《りょう》光《こう》明《みょう》土《どーお》
諸《しょーお》有《う》衆《しゅー》生《じょう》皆《かい》普《ふー》化《けーえ》
道《どう》綽《しゃく》決《けっ》聖《しょう》道《どう》難《なん》証《しょーう》
唯《ゆい》明《みょう》浄《じょう》土《どー》可《かー》通《つう》入《にゅーう》
万《まん》善《ぜん》自《じー》力《りき》貶《へん》勤《ごん》修《しゅーう》
円《えん》満《まん》徳《とく》号《ごう》勧《かん》専《せん》称《しょーう》
三《さーん》不《ぷ》三《さん》信《しん》誨《けー》慇《おん》懃《ごーん》

読み下し

生死《しょうじ》すなわち涅槃《ねはん》なりと証知《しょうち》せしむ。
かならず*無量光明土《むりょうこうみょうど》に至《いた》れば、
諸有《しょう》の衆生《しゅじょう》みなあまねく化《け》すといえり。
*道綽《どうしゃく》、*聖道《しょうどう》の証《しょう》しがたきことを決《けっ》して、
ただ浄土《じょうど》の通入《つうにゅう》すべきことを明《あ》かす。
万善《まんぜん》の自力《じりき》、勤修《ごんしゅ》を貶《へん》す。
円満《えんまん》の徳号《とくごう》、専称《せんしょう》を勧《すす》む。
*三不三信《さんぷさんしん》の誨《おしえ》、慇懃《おんごん》にして、

現代語訳

らさとりを得る身となり、命が終わった後には、光明無量《こうみょうむりょう》の浄土に生まれ、生けるものをみな救う」ともいわれた。道綽《どうしゃく》禅師《ぜんじ》は、聖道門《しょうどうもん》の教えでは悟《さと》ることはできないと決断し、浄土門《じょうどもん》のみで悟りを開くことを明かした。善根《ぜんごん》を積《つ》む自力《じりき》の修行を退《しりぞ》けて、すべての善《ぜん》が円《まどか》に備《そな》わっている名号《みょうごう》をもっぱら称《とな》えることをすすめられた。正しい信心の三つのあり方と、そうではない信心の

像《ぞう》末《まつ》法《ほう》滅《めつ》同《どーう》悲《ひ》引《いーん》
一《いっ》生《しょう》造《ぞう》悪《あく》値《ちー》弘《ぐー》誓《ぜーい》
至《し》安《あーん》養《にょーおう》界《がーあい》証《しょーおう》妙《みょーおう》果《かーあー》
善《ぜん》導《どーう》独《どく》明《みょーう》仏《ぶつ》正《しょう》意《いーいー》
矜《こう》哀《あい》定《じょう》散《さん》与《よー》逆《ぎゃく》悪《あーく》
光《こう》明《みょう》名《みょう》号《ごう》顕《けん》因《いん》縁《ねーん》
開《かーい》入《にゅう》本《ほん》願《がん》大《だーい》智《ち》海《かーい》
行《ぎょう》者《じゃ》正《しょーう》受《じゅ》金《こん》剛《ごう》心《しーん》
慶《きょーう》喜《き》一《いち》念《ねん》相《そう》応《おう》後《ごーお》

*像末法滅同《ぞうまつほうめつおな》じく悲引《ひいん》す。
一生悪《いっしょうあく》を造《つく》れども、弘誓《ぐぜい》に値《もうあ》いぬれば、
安養界《あんにょうかい》に至《いた》りて妙果《みょうか》を証《しょう》せしむといえり。
*善導独《ぜんどうひと》り仏《ぶつ》の正意《しょうい》をあかせり。
*定散《じょうさん》と*逆悪《ぎゃくあく》とを矜哀《こうあい》して、
光明《こうみょう》・名号因縁《みょうごういんねん》を顕《あらわ》す。
本願《ほんがん》の大智海《だいちかい》に開入《かいにゅう》すれば、
行者《ぎょうじゃ》まさしく*金剛心《こんごうしん》を受《う》けしめ、
慶喜《きょうき》の一念相応《いちねんそうおう》してのち、

三つのあり方とを懇《ねんご》ろに教えられ、像法《ぞうぼう》、末法《まっぽう》、さらには滅法《めっぽう》の時代になっても、如来は同じように大悲《だいひ》をもってわたしたちを導かれ、たとえ一生悪を造り続けても、本願にお会いするなら、安養《あんにょう》の浄土にいたって、悟りを開く、といわれた。善導大師《ぜんどうだいし》は古今《ここん》の仏教解釈を正し、ひとり釈尊の教えの真意を明らかにされた。定善《じょうぜん》や散善《さんぜん》の自力《じりき》の人にも、十悪《じゅうあく》や五逆《ごぎゃく》の人にも、如来は哀《あわ》れみをもたれ、彼らを

原文

与《よーお》韋《い》提《だい》等《とう》獲《ぎゃく》三《さん》忍《にーん》
即《そく》証《しょう》法《ほっ》性《しょう》之《しー》常《じょう》楽《らーく》
源《げん》信《しん》広《こう》開《かい》一《いち》代《だい》教《きょーう》
偏《へん》帰《きー》安《あん》養《にょう》勧《かん》一《いっ》切《さーい》
専《せん》雑《ぞう》執《しゅう》心《しん》判《はん》浅《せん》深《じーん》
報《ほう》化《けー》二《にー》土《どー》正《しょう》弁《べん》立《りゅーう》
極《ごく》重《じゅう》悪《あく》人《にん》唯《ゆい》称《しょう》仏《ぶーつ》
我《がー》亦《やく》在《ざーい》彼《ひ》摂《せっ》取《しゅー》中《ちゅーう》

読み下し

韋提《いだい》と等《ひと》しく*三忍《さんにん》を獲《え》、
すなわち法性《ほっしょう》の常楽《じょうらく》を証《しょう》せしむといえり。
*源信《げんしん》広《ひろ》く一代《いちだい》の教《きょう》を開《ひら》きて、
ひとえに安養《あんにょう》に帰《き》して一切《いっさい》を勧《すす》む。
専雑《せんぞう》の執心《しゅうしん》、浅深《せんじん》を判《はん》じて、
*報化二土《ほうけにど》まさしく弁立《べんりゅう》せり。
極重《ごくじゅう》の悪人《あくにん》はただ仏《ぶつ》を称《しょう》すべし。
われまたかの摂取《せっしゅ》のなかにあれども、

現代語訳

救うべく、名号《みょうごう》を因《いん》、光明《こうみょう》を縁《えん》となされた。本願の智慧《ちえ》の大海に帰入《きにゅう》すれば、金剛《こんごう》のような信心をたまわり、本願に相応《そうおう》した喜びの心が生じ、韋《い》提希《だいけ》夫人と同じく三忍《さんにん》を得て、常住安楽《じょうじゅうあんらく》のさとりを開く身となるといわれた。源信和尚《げんしんかしょう》は、広く釈尊一代の教えを究《きわ》め、ひたすら安養浄土《あんにょうじょうど》に生まれることをすべての人にすすめられた。信心の人を二つに分け、他力《たりき》に帰する人を信心

煩《ぼん》悩《のう》障《しょう》眼《げん》雖《すい》不《ふー》見《けーん》
大《だーい》悲《ひ》無《むー》倦《けん》常《じょう》照《しょう》我《がーあ》
本《ほん》師《しー》源《げん》空《くう》明《みょう》仏《ぶっ》教《きょーう》
憐《れん》愍《みん》善《ぜん》悪《まく》凡《ぼん》夫《ぶー》人《にーん》
真《しん》宗《しゅう》教《きょう》証《しょう》興《こう》片《へん》州《しゅーう》
選《せん》択《じゃく》本《ほん》願《がん》弘《ぐー》悪《あく》世《せーえ》
還《げん》来《らい》生《しょーう》死《じ》輪《りん》転《でん》家《げーえ》
決《けっ》以《ちー》疑《ぎー》情《じょう》為《いー》所《しょー》止《しーい》
速《そく》入《にゅう》寂《じゃく》静《じょう》無《むー》為《いー》楽《らーく》

煩悩《ぼんのう》、眼《まなこ》を障《さ》へて見《み》たてまつらずといえども、
大悲《だいひ》、倦《もの》くことなくしてつねにわれを照《て》らしたもうといえり。
本師《ほんし》*源空《げんくう》は、仏教《ぶっきょう》をあきらかにして、
善悪《ぜんまく》の凡夫人《ぼんぶにん》を憐愍《れんみん》せしむ。
真宗《しんしゅう》の教証《きょうしょう》、片州《へんしゅう》に興《おこ》す。
*選択本願悪世《せんじゃくほんがんあくせ》に弘《ひろ》む。
*生死輪転《しょうじりんでん》の家《いえ》に還来《かえ》ることは、
決《けっ》するに疑情《ぎじょう》をもって所止《しょし》とす。
すみやかに*寂静無為《じゃくじょうむい》の楽《みやこ》に入《い》ることは、

の深い人、自力《じりき》を雑《まじ》える人を浅い人とし、浄土についても、報土《ほうど》と化土《けど》に見分けておられる。和尚《かしょう》は極重《ごくじゅう》の悪人であっても、ただ阿弥陀仏の名を称《とな》えるべきである、わたしも救い取られる阿弥陀仏の光明の中《うち》にあるにもかかわらず、煩《ぼん》悩《のう》により、眼を覆《おお》われ、それを見させていただくことができないが、如来の大悲によって、わが身は休むことなく、常に照らしていただいている、といわれた。わが師、源空《げんくう》は

原文

必《ひっ》以《ちー》信《しん》心《じん》為《いー》能入《のーうにゅーう》
弘《ぐ》経《きょーう》大《だーい》士《じ》宗《しゅーう》師《し》等《とーう》
拯済《じょーうさーい》無《む》辺《へーん》極《ごーく》濁《じょーく》悪《あーく》
道《どーう》俗《ぞーく》時《じ》衆《しゅー》共《ぐ》同《どーう》心《しーん》
唯《ゆい》可《かー》信《しん》斯《しー》高《こう》僧《そう》説《せーつー》

読み下し

かならず信心《しんじん》をもって能入《のうにゅう》すといえり。
弘経《ぐきょう》の大士《だいじ》・宗師等《しゅうしとう》、
無辺《むへん》の極濁悪《ごくじょくあく》を拯済《じょうさい》したもう。
道俗時衆《どうぞくじしゅ》ともに同心《どうしん》に、
ただこの高僧《こうそう》の説《せつ》を信《しん》ずべしと。

現代語訳

仏教を究《きわ》め、善《ぜん》・悪《あく》の凡夫《ぼんぶ》をあわれんで、本願の教えと救いを日本の国に興《おこ》し、阿弥陀如来の選び取られた本願念仏を弘《ひろ》められた。生死輪廻《しょうじりんね》の生存を繰り返すのは、真実に対する疑いの心によるものである、速《すみ》やかに寂静無為《じゃくじょうむい》の浄土に※お救いになっている。出家《しゅっけ》も在家《ざいけ》も共に心を同じくして、ひとえにこれらの高僧の教えを信じるべきである。

※生まれることは、必ず信心によってである、といわれた。教えを弘めた菩薩《ぼさつ》や祖師《そし》たちは、際限のない濁悪《じょくあく》の人々を

## ことば

**不可思議光《ふかしぎこう》**＝無限の智慧《ちえ》の光という意味。

**法蔵菩薩《ほうぞうぼさつ》**＝阿弥陀仏の修行の時の名。

**世自在王仏《せじざいおうぶつ》**＝阿弥陀仏の修行の時の師。

**浄土《じょうど》**＝仏の国土で、清浄であるから浄土といわれる。

**誓願《せいがん》**＝『無量寿経《むりょうじゅきょう》』に説かれる阿弥陀仏の建てた四十八願《しじゅうはちがん》のこと。

**五劫《ごこう》**＝梵語《ぼんご》のカルパ。非常に長い時間のこと。

**無辺光《むへんこう》**＝阿弥陀仏の光明の働きを十二の徳に分け、表したものの一つ。至らないところがないという光明。

**無碍《むげ》**＝阿弥陀仏の光明の十二の徳の一つ。障《さわ》りとなるものがない光明。

**無対《むたい》**＝阿弥陀仏の光明の十二の徳の一つ。比べるものがない光明。

**光炎王《こうえんのう》**＝阿弥陀仏の光明の十二の徳の一つ。威力《いりょく》がすぐれている光明。

**清浄《しょうじょう》**＝阿弥陀仏の光明の十二の徳の一つ。清らかな光明。

**歓喜《かんぎ》**＝阿弥陀仏の光明の十二の徳の一つ。歓喜の光明。

**智慧光《ちえこう》**＝阿弥陀仏の光明の十二の徳の一つ。迷いを滅《ほろ》ぼす智慧《ちえ》の光明。

**不断《ふだん》**＝阿弥陀仏の光明の十二の徳の一つ。絶えることのない光明。

**難思《なんじ》**＝阿弥陀仏の光明の十二の徳の一つ。人の分別を超えた光明。

**無称光《むしょうこう》**＝阿弥陀仏の光明の十二の徳の一つ。言葉の表現を超えた光明。

**塵刹《じんせつ》**＝塵《ちり》ほど多い世界。

**本願《ほんがん》の名号《みょうごう》**＝南無阿弥陀仏の称名《しょうみょう》のこと。

**正定《しょうじょう》の業《ごう》**＝浄土に往生するための正しい行《ぎょう》。

**等覚《とうがく》**＝次生《じせい》に必ず仏になることができる菩薩《ぼさつ》の最高の位のこと。

**大涅槃《だいねはん》**＝大いなる悟《さと》りの境地。

**五濁悪世《ごじょくあくせ》**＝五つの濁《にご》りのある悪い世という意味。五つの濁りとは劫濁《こうじょく》（時代の濁り）、見濁《けんじょく》（思想の濁り）、煩悩濁《ぼんのうじょく》（煩悩が盛んになること）、衆生濁《しゅじょうじょく》（人間の質の低下）、命濁《みょうじょく》（命が短くなること）のこと。

**煩悩《ぼんのう》**＝身と心を悩ます精神的作用。

**逆謗《ぎゃくほう》**＝逆とは五逆罪(母を殺す、父を殺す、阿羅漢《あらかん》を殺す、仏身《ぶっしん》を傷つけ、血を流す、教団の和合を破壊する)のこと。謗《ほう》とは正法《しょうぼう》を誹謗《ひぼう》すること。

**無明《むみょう》の闇《やみ》**＝無明《むみょう》とは迷いであるため、暗い。こんなところより無明の闇という表現になったとみられる。

**貪愛**《とんない》＝貪欲《どんよく》のこと。

**瞋憎**《しんぞう》＝いかりのこと。

**五悪趣**《ごあくしゅ》＝地獄《じごく》・餓鬼《がき》・畜生《ちくしょう》・人間・天の五つの世界。

**凡夫人**《ぼんぶにん》＝迷いの生けるもののこと。

**分陀利華**《ふんだりけ》＝白い蓮華《れんげ》のこと。念仏者を讃えて人中《にんちゅう》の分陀利華《ふんだりけ》という。

**邪見**《じゃけん》＝あやまった見方。

**憍慢**《きょうまん》＝奢《おご》り、高ぶること。

**悪衆生**《あくしゅじょう》＝悪い生けるもののこと。

**信楽**《しんぎょう》＝信じ願うこと。

**本誓**《ほんぜい》＝阿弥陀仏の本願《ほんがん》。

**龍樹大士**《りゅうじゅだいじ》＝龍樹《りゅうじゅ》とはインド中観派の祖。大士《だいじ》とは菩薩《ぼさつ》のこと。

**大乗無上**《だいじょうむじょう》**の法**《ほう》＝大乗仏教の究極の教え。

**難行**《なんぎょう》**の陸路**《ろくろ》＝(自力)の難行《なんぎょう》は陸路を行くごとく、大変であるからこのようにいわれる。

**易行**《いぎょう》**の水道**《すいどう》＝(他力)の易行《いぎょう》は船路でいくごとく、楽しみにみちているからこのようにいわれる。

**天親菩薩**《てんじんぼさつ》＝世親《せしん》ともいわれる。瑜伽行唯《ゆがぎょうゆい》識派《しきは》を大成した人。

**『論**《ろん》**』**＝世親《せしん》の著作で、正確には『無量寿《むりょうじゅ》経優婆提舎願生偈《きょううばだいしゃがんしょうげ》』のこと。

**無碍光如来**《むげこうにょらい》＝なにものにも妨《さまた》げられない光明の仏、すなわち阿弥陀如来のこと。

**帰命**《きみょう》＝南無《なむ》と同じ意味。帰依《きえ》という意味。

**修多羅**《しゅたら》＝お経のこと。ここでは『無量寿《むりょうじゅ》経《きょう》』のこと。

**回向**《えこう》＝自分のなした善根功徳《ぜんごんくどく》を死者などに振り向けること。ここでは仏が振り向けたという意味。

**蓮華蔵世界**《れんげぞうせかい》＝もともとは『華厳経《けごんぎょう》』に説かれる毘盧遮那仏《びるしゃなぶつ》の世界のこと。ここでは単に阿弥陀仏の浄土のこと。

**真如法性**《しんにょほっしょう》＝真理という意味。

**神通**《じんずう》＝超人的な力のこと。

**曇鸞**《どんらん》＝中国浄土教の大成者。著作として、『浄土論註《じょうどろんちゅう》』がある。

**三蔵**《さんぞう》＝仏典を三種に分けたもの。経蔵《きょうぞう》・律《りつ》蔵《ぞう》・論蔵《ろんぞう》のこと。この三つに精通《せいつう》したものを三蔵法師《さんぞうほうし》という。

**流支**《るし》＝菩提流支《ぼだいるし》のこと。北インドの僧で、中国にきて『金剛般若経《こんごうはんにゃきょう》』などを訳している。

**浄教**《じょうきょう》＝浄土の教え、経典《きょうてん》。

**仙経**《せんぎょう》＝中国仙人の伝える仙術の教え。不《ふ》老不死《ろうふし》などを説く。

**因果**《いんが》＝原因と結果のこと。

**往還**《おうげん》＝往相《おうそう》と還相《げんそう》のこと。往相とは阿弥陀仏の力により、この世から浄土に生まれる姿のこと。還相とは浄土より還《かえ》って人々を救うこと。

**正定**《しょうじょう》=正しい定まったという意味。

**惑染**《わくぜん》=煩悩《ぼんのう》にまみれたという意味。

**無量光明土**《むりょうこうみょうど》=無量の光明に満ちた国で、阿弥陀仏の浄土のこと。

**道綽**《どうしゃく》=唐の時代の浄土教の高僧で、著作として『安楽集《あんらくしゅう》』がある。

**聖道**《しょうどう》=聖道門の略。龍樹《りゅうじゅ》は難行《なんぎょう》と解した。

**三不三信**《さんぷさんしん》**の誨**《おしえ》=正しい三つの信心とそうでない信心のこと。

**像末法滅**《ぞうまつほうめつ》=像法《ぞうぼう》(像だけの時代)と末法《まっぽう》(教えだけの時代)と滅法《めっぽう》(正しい教えの滅《めつ》する時代)のこと。

**善導**《ぜんどう》=中国浄土教の大成者。口称念仏《こうしょうねんぶつ》を強調した。著作に『観経疏《かんぎょうしょ》』などがある。

**定散**《じょうさん》=定善《じょうぜん》と散善《さんぜん》のこと。定善とは心を静め、集中し、修行する人のこと。散善とは三福などの世間的善を行う人のこと。

**逆悪**《ぎゃくあく》=五逆罪《ごぎゃくざい》と十悪業《じゅうあくごう》のこと。

**金剛心**《こんごうしん》=金剛《こんごう》とはダイヤモンドのこと。金剛心とは堅い信心という意味。

**三忍**《さんにん》=忍は認に同じ意味。悟忍・信忍・喜忍のことで、真理をさとること。

**源信**《げんしん》=日本天台の僧で、『往生要集《おうじょうようしゅう》』を著し、浄土教に多大な影響を与えた。

**報化二土**《ほうけにど》=報土《ほうど》と化土《けど》のこと。報土とは阿弥陀仏の浄土、化土とは方便《ほうべん》の願《がん》にもとづいて仮《かり》に現れた浄土のこと。

**源空**《げんくう》=浄土宗を開いた法然《ほうねん》のこと。

**選択本願**《せんじゃくほんがん》=阿弥陀仏の選びとった本願の念仏のこと。

**生死輪転**《しょうじりんでん》=迷いの世界を回ること。輪廻《りんね》と同じ意味。

**寂静無為**《じゃくじょうむい》=涅槃《ねはん》と同じ意味。

**解説**

親鸞《しんらん》の主著、『教行信証《きょうぎょうしんしょう》』は彼が常陸国稲田《ひたちのくにいなだ》にあった時、その大半が著されたといわれます。

この『正信念仏偈《しょうしんねんぶつげ》』、略して『正信偈《しょうしんげ》』は『教行信証』の行巻の終わりに見られるもので、浄土真宗の教えの真髄《しんずい》が簡潔に説かれています。七言百二十句よりなります。『無量寿経《むりょうじゅきょう》』に明らかにされた信心の世界を讃える部分と、この世界を伝えた七高僧(インドの龍樹《りゅうじゅ》・天親《てんじん》、中国の曇鸞《どんらん》・道綽《どうしゃく》・善導《ぜんどう》、日本の源信《げんしん》・法然《ほうねん》)の教えと徳を讃えた部分よりなります。

「よく一念喜愛《いちねんきあい》の心《しん》を発《ほっ》すれば　煩悩《ぼんのう》を断《だん》ぜずして涅槃《ねはん》を得《う》るなり」（よく本願を信じ、喜ぶ心が発《おこ》れば、煩悩を断たずして、悟りを開く身となる）

とか、

「信《しん》を獲《え》て見《み》て敬《うやま》い大《おお》きに慶喜《きょうき》すれば、すなわち横《よこさま》に五悪趣《ごあくしゅ》を超截《ちょうぜつ》す」（信心を得て、如来を敬い、喜ぶなら、五つの迷いの世界を横ざまに超える）

とかの言葉や、

「弥陀仏《みだぶつ》の本願《ほんがん》を憶念《おくねん》すれば、自然《じねん》に即《そく》のとき必定《ひつじょう》に入《い》る」（阿弥陀仏の本願を信ずる者は、必ず仏になる身と定まる）

などの言葉に、信心の世界を見ることができます。

本願にまかせる信心だけを、救われる要《かなめ》とする親鸞の宗教世界を説いたものが『正信念仏偈』の世界なのです。



### ❖コラム❖他力

浄土真宗のお寺をお参りさせていただくと、浄土宗のお寺とはちがってどこのお寺も中のしつらいが同じであることに気づく。親鸞の人柄と法然の人柄の違いに根差しているように思える。

『正信偈』を拝読させていただくと、真宗の教義は寸分の狂いもなくできあがっているなという感じを受ける。いいかげんな私など、その教えについていけるか自信もなくなってしまう。でも、阿弥陀さまにすべておまかせという絶対他力を説く親鸞だが、五十九歳で病気になった折、『無量寿経』をそらで読み、目を閉じてもお経の文字が一字残らず見えてしまった。阿弥陀仏からいただく信心だけでよいのに、一体これは何か、と親鸞は考える。そして、そこに自力の心を見つけて驚くのである。

あの親鸞でさえ、ミステークをおかしながら、絶対他力に至ったのだと知ると、不思議と気が楽になるのである。

# 般若心経《はんにゃしんぎょう》［摩訶般若波羅蜜多心経《まかはんにゃはらみったしんぎょう》］

**法相宗・真言宗・天台宗・浄土宗・臨済宗・曹洞宗・日蓮宗**

『摩訶般若波羅蜜多心経《まかはんにゃはらみったしんぎょう》』は、いわゆる『般若心経《はんにゃしんぎょう》』として多くの人に親しまれているお経です。何が説かれているかといえば、すべての存在には実体がなく、すべて「空《くう》」だということです。そして、この「空」の世界を自分のものにするには、仏道修行の一つである智慧《ちえ》の修行を実践することが必要だというものです。天台宗、真言宗、曹洞宗、臨済宗、浄土宗など多くの宗派で読まれています。

**原文**

**観《かん》自《じー》在《ざい》菩《ぼー》薩《さつ》。行《ぎょう》深《じん》**
**般《はん》若《にゃー》波《はー》羅《らー》蜜《みー》多《たー》時《じー》。**
**照《しょう》見《けん》五《ごー》蘊《おん》皆《かい》空《くう》。度《どー》**
**一《いっ》切《さい》苦《くー》厄《やく》。舎《しゃー》利《りー》子《しー》。**
**色《しき》不《ふー》異《いー》空《くう》。空《くう》不《ふー》異《いー》**

**読み下し**

*観自在菩薩《かんじざいぼさつ》は、深《ふか》き*般若波羅蜜多《はんにゃはらみった》を行《ぎょう》する時《とき》、*五蘊《ごうん》は皆空《みなくう》なりと照《しょう》見《けん》して、一切《いっさい》の苦厄《くやく》を度《ど》したもう。
*舎利子《しゃりし》よ、*色《しき》は*空《くう》に異《こと》ならず、空《くう》は色《しき》に異《こと》ならず、色《しき》は即《すなわ》ち是《こ》れ

**現代語訳**

観世音菩薩《かんぜおんぼさつ》は智慧《ちえ》（般若《はんにゃ》）の修行（般若波羅蜜多《はんにゃはらみった》）をなされていた時、宇宙のすべては五つの集合（五蘊《ごうん》）から成り、本来実体のない空《くう》であると見究《みきわ》められ、一切の苦しみから人々を救われた。舎利子《しゃりし》よ、形あるもの（色《しき》）は空に異

原文

色《しき》。色《しき》即《そく》是《ぜー》空《くう》。空《くう》即《そく》是《ぜー》色《しき》。受《じゅー》想《そう》行《ぎょう》識《しき》。亦《やく》復《ぶー》如《にょー》是《ぜー》。舎《しゃー》利《りー》子《しー》。是《ぜー》諸《しょ》法《ほう》空《くう》相《そう》。不《ふー》生《しょう》不《ふー》滅《めつ》。不《ふー》垢《くー》不《ふー》浄《じょう》。不《ふー》増《ぞう》不《ふー》減《げん》。是《ぜー》故《こー》空《くう》中《ちゅう》。無《むー》色《しき》無《むー》受《じゅー》想《そう》行《ぎょう》識《しき》。無《むー》眼《げん》耳《にー》鼻《びー》舌《ぜっ》身《しん》意《にー》。無《むー》

読み下し

空《くう》、空《くう》は即《すなわ》ち是《こ》れ色《しき》なり。*受《じゅ》、*想《そう》、*行《ぎょう》、*識《しき》も亦《ま》た復《ま》た是《か》くの如《ごと》し。

舎利子《しゃりし》よ、是《こ》の諸法《しょほう》は空相《くうそう》にして、生《しょう》ぜず滅《めっ》せず、垢《あか》つかず浄《きよ》からず、増《ま》さず減《へ》らず。是《こ》の故《ゆえ》に空《くう》の中《なか》には、色《しき》も無《な》く、受《じゅ》、想《そう》、行《ぎょう》、識《しき》も無《な》し。眼《げん》、耳《に》、鼻《び》、舌《ぜっ》、身《しん》、意《い》も無《な》く、色《しき》、声《しょう》、香《こう》、味《み》、触《そく》、

現代語訳

ならず、空はまた形あるものに異ならない。形あるものがそのまま空であり、空がそのまま形あるものである。また、感覚（受《じゅ》）、表象《ひょうしょう》（想《そう》）、意志（行《ぎょう》）、意識（識《しき》）も同様である。

　舎利子よ、この世界のすべては、真実の姿においては、生まれることも滅することもない。垢《けが》されることも清められることもない。また増すことも減ることもない。それ故、空《くう》の世界では、形あるものも空であり、受《じゅ》、

色《しき》声《しょう》香《こう》味《みー》触《そく》法《ほう》。無《むー》眼《げん》界《かい》乃《ない》至《しー》無《むー》意《いー》識《しき》界《かい》。無《むー》無《むー》明《みょう》亦《やく》無《むー》無《むー》明《みょう》尽《じん》。乃《ない》至《しー》無《むー》老《ろう》死《しー》。亦《やく》無《むー》老《ろう》死《しー》尽《じん》。無《むー》苦《くー》集《しゅう》滅《めつ》道《どう》。無《むー》智《ちー》亦《やく》無《むー》得《とく》。以《いー》無《むー》所《しょー》得《とく》故《こー》。菩《ぼー》提《だい》薩《さっ》埵《たー》。依《えー》般《はん》若《にゃー》波《はー》羅《らー》蜜《みー》多《たー》故《こー》。心《しん》無《むー》罣《けい》

法《ほう》も無《な》し。眼界《げんかい》も無《な》く、乃至意識《ないしいしき》界《かい》も無《な》し。

*無明《むみょう》も無《な》く、亦無明《またむみょう》の尽《つ》きることも無《な》く、乃至老死《ないしろうし》も無《な》く、亦老《またろう》死《し》の尽《つ》きることも無《な》し。*苦集滅道《くしゅうめつどう》も無《な》く、智《ち》も無《な》く、亦得《またとく》も無《な》し。所得無《しょとくな》きを以《もっ》ての故《ゆえ》に。

*菩提薩埵《ぼだいさった》は、般若波羅蜜多《はんにゃはらみった》に依《よ》るが故《ゆえ》に、心《こころ》に*罣礙無《けいげな》し。罣礙無《けいげな》

---

想《そう》、行《ぎょう》、識《しき》も空で、実体としてない。また、眼、耳、鼻、舌、身、意の六つの感覚器官も実体としてなく、色形、声、香、味、触れられるもの、思い考えられるものといった感覚器官の対象も実体としてない。さらに視覚、聴覚、嗅覚《きゅうかく》、味覚、触覚、意識の感覚器官の働きも実体としてない。

根本の迷い(無明《むみょう》)も実体としてない。このため無明がなくなることもない。また老死も実体としてない。このため老死がなく

原文

礙《げー》。無《むー》罣《けい》礙《げー》故《こー》。無《むー》有《うー》恐《くー》怖《ふー》。遠《おん》離《りー》一《いっ》切《さい》顛《てん》倒《どう》夢《むー》想《そう》。究《くー》竟《ぎょう》涅《ねー》槃《はん》。三《さん》世《ぜー》諸《しょー》仏《ぶつ》。依《えー》般《はん》若《にゃー》波《はー》羅《らー》蜜《みー》多《たー》故《こー》。得《とく》阿《あー》耨《のく》多《たー》羅《らー》三《さん》藐《みゃく》三《さん》菩《ぼー》提《だい》。故《こー》知《ちー》般《はん》若《にゃー》波《はー》羅《らー》蜜《みー》多《たー》。是《ぜー》大《だい》神《じん》呪《しゅー》。是《ぜー》

読み下し

きが故《ゆえ》に、恐怖《くふ》有《あ》ること無《な》く、一《いっ》切《さい》の*顛倒《てんどう》夢想《むそう》を遠離《おんり》して、*涅槃《ねはん》を究竟《くきょう》す。

*三世《さんぜ》諸仏《しょぶつ》も般若《はんにゃ》波羅蜜多《はらみった》に依《よ》るが故《ゆえ》に、*阿耨多羅三藐三菩提《あのくたらさんみゃくさんぼだい》を得《え》たもう。

故《ゆえ》に知《し》るべし。般若波羅蜜多《はんにゃはらみった》は、是《こ》れ大《だい》*神呪《じんしゅ》なり、是《こ》れ大明呪《だいみょうしゅ》な

現代語訳

なることもない。四つの真理（四諦《したい》）の苦しみも、苦しみの原因も、苦しみのなくなったところも、苦しみを滅する道も実体としてなく、空《くう》である。また智慧《ちえ》も空であり、空を悟《さと》って得た結果も空《くう》である。なぜなら、何も得ることができないからである。菩《ぼ》薩《さつ》は智慧の修行によっているから、心にさわりがなく、さわりがないから、恐れもなく、誤った見解を離れ、涅槃《ねはん》にいたっている。

大《だい》明《みょう》呪《しゅー》。是《ぜー》無《むー》上《じょう》呪《しゅー》。是《ぜー》無《むー》等《とう》等《どう》呪《しゅー》。能《のう》除《じょー》一《いっ》切《さい》苦《くー》。真《しん》実《じつ》不《ふー》虚《こー》。故《こー》説《せつ》般《はん》若《にゃー》波《はー》羅《らー》蜜《みー》多《たー》呪《しゅー》。即《そく》説《せつ》呪《しゅー》曰《わつ》。羯《ぎゃー》諦《てー》羯《ぎゃー》諦《てー》。波《はー》羅《らー》羯《ぎゃー》諦《てい》。波《は》羅《ら》僧《そー》羯《ぎゃー》諦《てー》。菩《ぼー》提《じー》薩《そ》婆《わ》訶《かー》。般《はん》若《にゃ》心《しん》経《ぎょう》。

り、是《こ》れ無上呪《むじょうしゅ》なり、是《こ》れ無等等《むとうどう》呪《しゅ》なり。能《よ》く一切《いっさい》の苦《く》を除《のぞ》いて、真実《しんじつ》にして虚《むな》しからず。故《ゆえ》に般若《はんにゃ》波羅蜜多《はらみった》の呪《じゅ》を説《と》かん、即《すなわ》ち呪《じゅ》を説《と》いて曰《いわ》く、

羯諦《ぎゃてい》、羯諦《ぎゃてい》、波羅羯諦《はらぎゃてい》

波羅僧羯諦《はらそうぎゃてい》、菩提薩婆訶《ぼうじそわか》。

般若心経《はんにゃしんぎょう》。

---

三世《さんぜ》の諸仏も智慧《ちえ》の修行によっているから、この上ない悟《さと》りを完成なされたのである。それ故、智慧の修行は大いなる神呪《じんしゅ》であり、無上の呪《じゅ》であり、比類のない呪であると知るべきである。なぜなら、すべての苦しみを除き、真実にして偽りがないからである。智慧の修行の呪文《じゅもん》を説こう。すなわち、説いていう。

往《い》ったものよ、往ったものよ、
彼岸《ひがん》に往ったものよ。
彼岸に完全に往ったものよ。
さとりよ。おめでとう。

## ことば

**観自在菩薩《かんじざいぼさつ》**＝観世音菩薩《かんぜおんぼさつ》のこと。
**般若波羅蜜多《はんにゃはらみった》**＝波羅蜜多とは梵語《ぼんご》のパーラミターの音写で、到彼岸《とうひがん》と訳す。此岸《しがん》から悟《さと》りの彼岸に到《いた》るということで、彼岸に到る修行の徳目には布施《ふせ》・持戒《じかい》・忍《にん》辱《にく》・精進《しょうじん》・禅定《ぜんじょう》・智慧《ちえ》がある。般若波羅蜜多とは智慧の修行により彼岸に到ること。
**五蘊《ごうん》**＝蘊とは積み集められたという意味。物質や精神を五つに分類したもの。色蘊《しきうん》が物質的なもの、受蘊《じゅうん》・想蘊《そううん》・行蘊《ぎょううん》・識蘊《しきうん》が精神的なもの。
**舎利子《しゃりし》**＝釈尊《しゃくそん》の十大弟子の一人の舎利《しゃり》弗《ほつ》のこと。
**色《しき》**＝形あるものという意味。
**空《くう》**＝すべてのものには固定的自性《じしょう》はないということ。
**受《じゅ》**＝感覚作用のこと。
**想《そう》**＝表象《ひょうしょう》作用のこと。
**行《ぎょう》**＝意志作用のこと。
**識《しき》**＝分別作用、意識作用のこと。
**無明《むみょう》**＝ものの本質を見る智慧のないこと。
**苦集滅道《くしゅうめつどう》**＝仏教の四つの真理のこと。苦とは生きるとき苦だということ、集とは苦しみの起こる原因は執着《しゅうじゃく》だということ、苦しみの滅された状態は涅槃《ねはん》だということと、涅槃にいたる道は八つの正しい道（八《はっ》正道《しょうどう》）だということ。
**菩提薩埵《ぼだいさった》**＝菩薩のこと。
**罣礙《けいげ》**＝さわりという意味。
**顛倒夢想《てんどうむそう》**＝真理に反する考え。
**涅槃《ねはん》**＝さとりの境地。
**三世諸仏《さんぜしょぶつ》**＝過去・現在・未来の仏のこと。
**阿耨多羅三藐三菩提《あのくたらさんみゃくさんぼだい》**＝梵語《ぼんご》のアヌッタラ・サンミャクサンボーディの音写。無《む》上正等覚《じょうしょうとうがく》と訳す。この上ないさとりという意味。
**神咒《じんしゅ》**＝咒《じゅ》とは真実の言葉という意味で、真言《しんごん》のこと。従って、神咒とは不思議な力を持つ言葉という意味。

## 解説

今、最も広く読まれているお経は何かといえば、『般若心経《はんにゃしんぎょう》』だと思います。天台宗、真言宗、曹洞宗、臨済宗、浄土宗など多くの宗派で読まれるのみならず、写経に使われたり、巡礼の時のお経としても親しまれているからです。

　このお経の正式な名前は『摩訶般若波羅蜜多心経《まかはんにゃはらみったしんぎょう》』で、「空《くう》」の思想が説かれています。『金剛般若経《こんごう》』や『大般若経』と同じ思想的流れにあります。

　では、「空」とは何かということになります。

　よく考えてみると、この世のものはすべて直接の原因(因《いん》)と間接の原因(縁《えん》)からなり、これだという実体は何一つありません。つまり「空」なのです。

　だから、この世のものは変化するのです。無常なのです。それに対して、私たちはこうありたいと執着《しゅうじゃく》します。だから、苦しみも悩みも生まれてくるのです。

　『般若心経』は「空」だから、とらわれるな、淡々《たんたん》と生きよと説きます。

　ではそのように生きるにはどうしたらよいかとなります。般若、つまり智慧《ちえ》の修行を実践《じっせん》していくことが大切だと教えるのです。

　「色即是空《しきそくぜくう》　空即是色《くうそくぜしき》」という言葉でよく知られるこのお経をよりよく理解するには、龍樹《りゅうじゅ》の著《あらわ》した『中論《ちゅうろん》』の、

　「衆因縁生法、我説即是無、亦為是仮名、亦是中道義」

(読み下し)

　衆因縁生法《しゅいんねんしょうぼう》、我れ即《すなわ》ち是《こ》れ無《む》と説く。また是《こ》れ仮名《けみょう》と為《な》す、また是《こ》れ中道《ちゅうどう》の義《ぎ》なり。

(現代語訳)

　すべての存在を、私は無と説く。またそれは仮説《けせつ》であり、また中《ちゅう》(道)そのものでもある。


といった偈《げ》が手助けになります。

　すべての存在は、因(直接の原因)と縁(間接の原因)か

ら成っているから、固定的自性《じしょう》がなく、無（空《くう》）なのです。

しかし、一瞬一瞬、仮《かり》の姿を現すから仮《け》でありま す。そういったことに目覚めることが、中《ちゅう》（道）だということになります。

色《しき》とは形あるものという意味です。その形あるものも、実は因と縁によって成っているので、固定的自性はなく、空なのです。

私たちがなぜ、苦しんだり、悩んだりするかといえば、それが実体としてあるように執着し、とらわれるからでしょう。

実は、それは因と縁によって生じているわけで、本当は「空」なのです。それを頷《うなず》かせるのが「般若《はんにゃ》」、すなわち智慧《ちえ》であり、『般若心経』とはそういったことを教えるお経なのです。



### ❖コラム❖空

ある高名な恩師のお葬式ののち、令夫人がふとこう語った。

「S君は会葬に来てくださいませんでした。意外です。主人があんなにもお世話したのに」

私は何だか先生の素晴らしさが傷つけられたような気がした。というのは先生はわれわれの卒業のとき、「俺のことは考えるな。俺を乗り越え、素晴らしい人生、立派な仕事を探せ。それが俺にとって一番嬉しいことだ」という言葉を残されていたからである。

人間は執着する。だから、そこから苦しみ、悩みもでてくる。『般若心経』は「すべては空だ。だから変化もする。とらわれるな」と教えた。とらわれるから、愚痴も迷いも、悩みもでてくる。

とらわれを離れることができれば、生き方でも仕事でも、人間関係でも、新しい世界が開かれてくるはずである。いや、迷いを転じて仏にもなれるはずである。

# 妙法蓮華経《みょうほうれんげきょう》　方便品第二《ほうべんぽんだいに》

日蓮宗

このお経は『法華経《ほけきょう》』の「方便品《ほうべんぽん》」の重要な部分で、仏の悟りとは何かということを解き明かしている部分です。非常に難解《なんかい》で、凡人《ぼんじん》には理解しがたい内容ですが、結局、お経は、仏の悟りとは存在の真実のあり様(諸法実相《しょほうじっそう》)だと述べています。私など中国の天台宗の祖、天台智顗《てんだいちぎ》の文献を通して、諸法実相の研究をしたことがありますが、難解だったという印象が残っています。なお、読み下し文は渡辺宝陽氏のそれによりました。

**原文**

**爾《にー》時《じー》世《せー》尊《そん》。従《じゅう》三《さん》昧《まい》安《あん》詳《じょう》而《にー》起《きー》。告《ごう》舎《しゃ》利《り》弗《ほっ》。諸《しょー》仏《ぶっ》智《ちー》慧《えー》。甚《じん》深《じん》無《むー》量《りょう》。其《ごー》智《ちー》慧《えー》門《もん》。難《なん》**

**読み下し**

爾《そ》の時《とき》に*世尊《せそん》、*三昧《さんまい》より安詳《あんじょう》として起《た》って、*舎利弗《しゃりほつ》に告《つ》げたまわく。

諸仏《しょぶつ》の智慧《ちえ》は甚深《じんじん》無量《むりょう》なり。其《そ》

**現代語訳**

その時、世尊《せそん》(釈尊《しゃくそん》)は瞑想《めいそう》を終えられ、ゆったりとした状態でお立ちになり、弟子の舎利弗《しゃりほつ》にお告げになった。

諸仏の智慧《ちえ》ははなはだ深く、はかり知ることはできない。

原文

解《げー》難《なん》入《にゅう》。一《いっ》切《さい》声《しょう》聞《もん》。辟《ひゃく》支《しー》仏《ぶつ》。所《しょー》不《ふー》能《のう》知《ちー》。所《しょー》以《いー》者《しゃー》何《がー》。仏《ぶつ》曾《ぞう》親《しん》近《ごん》。百《ひゃく》千《せん》万《まん》億《のく》。無《むー》数《しゅー》諸《しょー》仏《ぶつ》。尽《じん》行《ぎょう》諸《しょー》仏《ぶつ》。無《むー》量《りょう》道《どう》法《ほう》。勇《ゆう》猛《みょう》精《しょう》進《じん》名《みょう》称《しょう》普《ふー》聞《もん》。成《じょう》就《じゅー》甚《じん》深《じん》。未《みー》曾《ぞう》有《うー》法《ほう》。随《ずい》宜《ぎー》

読み下し

の智慧《ちえ》の門《もん》は難解難入《なんげなんにゅう》なり。一切《いっさい》の*声聞《しょうもん》・*辟支仏《ひゃくしぶつ》の知《し》ること能《あた》わざる所《ところ》なり。所以《ゆえ》は何《いか》ん、仏《ほとけ》曾《かつ》て百千万億《おく》無数《むしゅ》の諸仏《しょぶつ》に親近《しんごん》し、尽《つ》くして諸仏《しょぶつ》の無量《むりょう》の*道法《どうほう》を行《ぎょう》じ、勇《ゆう》猛精進《みょうしょうじん》して、名称《みょうしょう》普《あまね》く聞《きこ》えたまえり。甚深未曾有《じんじんみぞう》の法《ほう》を成就《じょうじゅ》して、宜《よろ》しきに随《したが》って説《と》きたもう所《ところ》、

現代語訳

その智慧に至る門は理解しがたく、入ることが難しい。教えを聞き修行し、阿羅漢《あらかん》の位にあるもの（声聞《しょうもん》）や独りで修行しさとったもの（縁覚《えんがく》）には、知ることのできない境地である。なぜなら、仏は昔、百、千、万、億の、いや無数の諸仏に親しくお仕《つか》えし、諸仏の限りない教えを修行し、一心に精進《しょうじん》して、その名が広く聞こえたからである。はなはだ深く、未《いま》だ示されたことのな

所《しょー》説《せつ》。意《いー》趣《しゅー》難《なん》解《げ》。舍《しゃ》利《り》弗《ほつ》。吾《ごー》従《じゅう》成《じょう》仏《ぶつ》已《ちー》来《らい》。種《しゅー》種《じゅー》因《いん》縁《ねん》。種《しゅー》種《じゅー》譬《ひー》諭《ゆー》。広《こう》演《えん》言《ごん》教《きょう》。無《むー》数《しゅー》方《ほう》便《べん》。引《いん》導《どう》衆《しゅー》生《じょう》。令《りょう》離《りー》諸《しょー》著《じゃく》。所《しょー》以《いー》者《しゃー》何《がー》。如《にょー》来《らい》方《ほう》便《べん》。知《ちー》見《けん》波《は》羅《ら》蜜《みつ》。皆《かい》已《いー》具《ぐー》足《そく》。舍《しゃ》利《り》弗《ほつ》。如《にょー》来《らい》知《ちー》見《けん》。


意趣《いしゅ》解《さと》り難《がた》し。

舍利弗《しゃりほつ》、吾《われ》*成仏《じょうぶつ》してより已来《このかた》、種々《しゅじゅ》の*因縁《いんねん》・種々《しゅじゅ》の譬諭《ひゆ》をもって、広《ひろ》く言教《ごんきょう》を演《の》べ、無数《むしゅ》の方便《ほうべん》をもって、衆生《しゅじょう》を*引導《いんどう》して諸《もろもろ》の著《じゃく》を離《はな》れしむ。

所以《ゆえ》は何《いか》ん、如来《にょらい》は方便《ほうべん》・*知見波《ちけんは》羅蜜《らみつ》皆已《みなすで》に具足《ぐそく》せり。

舍利弗《しゃりほつ》、如来《にょらい》の知見《ちけん》は広大深遠《こうだいじんのん》

い教えを完成され、さまざまな手立てにより説かれてきたが、その真の意味は理解しがたいものである。

　舍利弗《しゃりほつ》よ、わたしは仏になってから今まで、種々の因縁《いんねん》や種々の譬《たと》えにより、広く教えを述べ、無数の手立てにより、生けるものを導き、もろもろの執着《しゅうじゃく》から離れさせてきた。なぜなら、わたしは手立てにより導く方便波羅蜜《ほうべんはらみつ》と、智慧《ちえ》により導く知見波羅蜜《ちけんはらみつ》を備えていたからである。

原文

広《こー》大《だい》深《じん》遠《のん》。無《むー》量《りょう》無《むー》礙《げー》。力《りき》。無《むー》所《しょー》畏《いー》。禅《ぜん》定《じょう》。解《げー》脱《だつ》。三《さん》昧《まい》。深《じん》入《にゅう》無《むー》際《さい》。成《じょう》就《じゅー》一《いっ》切《さい》。未《みー》曾《ぞう》有《うー》法《ほう》。舎《しゃ》利《り》弗《ほっ》。如《にょー》来《らい》能《のう》種《しゅー》種《じゅー》分《ふん》別《べつ》。巧《ぎょう》説《せつ》諸《しょー》法《ほう》。言《ごん》辞《じー》柔《にゅう》輭《なん》。悦《えっ》可《かー》衆《しゅー》心《しん》。舎《しゃ》利《り》弗《ほっ》。取《しゅー》

読み下し

なり。

*無量《むりょう》・*無礙《むげ》・力《りき》・*無所畏《むしょい》・*禅定《ぜんじょう》・*解脱《げだつ》・三昧《さんまい》あって深《ふか》く無際《むさい》に入《い》り、一切未曾有《いっさいみぞう》の法《ほう》を成就《じょうじゅ》せり。

舎利弗《しゃりほっ》、如来《にょらい》は能《よ》く種々《しゅじゅ》に分別《ふんべつ》し、巧《たくみ》に諸法《しょほう》を説《と》き、言辞柔軟《ごんじにゅうなん》にして、衆《しゅ》の心《こころ》を悦可《えっか》せしむ。舎利《しゃり》弗《ほっ》、要《よう》を取《と》って之《これ》を言《い》わば、無量《むりょう》

現代語訳

舎利弗よ、如来《にょらい》の知見は広大で、深遠である。無量で、さわりがなく、力があり、畏《おそ》れるところがなく、瞑想《めいそう》と解《げ》脱《だつ》と三昧《さんまい》の世界が備わり、深く、未《いま》だ示されたことのない法（絶対の真理）を体現している。

舎利弗よ、如来は種々に思《し》索《さく》をし、巧みに法を説く。その言葉は柔らかで、生けるものの心を悦《よろこ》ばせる。舎利弗よ、要するに、無量《むりょう》、無辺《むへん》の未《いま》だ示されたことのない法をわた

要《よう》言《ごん》之《しー》。無《むー》量《りょう》無《むー》辺《へん》。未《みー》曾《ぞう》有《うー》法《ほう》。仏《ぶっ》悉《しつ》成《じょう》就《じゅー》。止《しー》舎《しゃ》利《り》弗《ほっ》。不《ふー》須《しゅー》復《ぶー》説《せつ》。所《しょー》以《いー》者《しゃー》何《がー》。仏《ぶつ》所《しょー》成《じょう》就《じゅー》。第《だい》一《いち》希《けー》有《うー》。難《なん》解《げー》之《しー》法《ほう》。唯《ゆい》仏《ぶつ》与《よー》仏《ぶつ》。乃《ない》能《のう》究《くー》尽《じん》。諸《しょー》法《ほう》実《じっ》相《そう》。所《しょー》謂《いー》諸《しょー》法《ほう》。如《にょー》是《ぜー》相《そう》。如《にょー》是《ぜー》性《しょう》。如《にょー》是《ぜー》

無辺《むへん》未曾有《みぞう》の法《ほう》を、仏《ほとけ》悉《ことごと》く成就《じょうじゅ》したまえり。

止《や》みなん、舎利弗《しゃりほつ》、復説《またと》くべからず。

所以《ゆえ》は何《いか》ん、仏《ほとけ》の成就《じょうじゅ》したまえる所《ところ》は、第一希有難解《だいいちけうなんかい》の法《ほう》なり。

唯仏《ただほとけ》と仏《ほとけ》と乃《いま》し能《よ》く諸法《しょほう》の実相《じっそう》を究尽《くじん》したまえり。

所謂諸法《いわゆるしょほう》の如是相《にょぜそう》・如是性《にょぜしょう》・如《にょ》

しはことごとく体現しているのである。

やめよう。舎利弗よ、さらに説くことはやめよう。

なぜなら仏の体現した境地は最も優れ、しかも希《まれ》で、理解しがたい法であるからである。それはただ仏と仏のみがよく究《きわ》めることのできる、存在の真実のあり様である。

そのあり様とは、存在がこのような相《そう》と、このような本《ほん》性《しょう》と、このような本体と、このような潜在的力《せんざいてきちから》と、このよ

原文

体《たい》。如《にょー》是《ぜー》力《りき》。如《にょー》是《ぜー》作《さー》。如《にょー》是《ぜー》因《いん》。如《にょー》是《ぜー》縁《えん》。如《にょー》是《ぜー》果《かー》。如《にょー》是《ぜー》報《ほう》。如《にょー》是《ぜー》本《ほん》末《まつ》究《くー》竟《きょう》等《とう》。

読み下し

是《ぜ》体《たい》・如《にょ》是《ぜ》力《りき》・如《にょ》是《ぜ》作《さ》・如《にょ》是《ぜ》因《いん》・如《にょ》是《ぜ》縁《えん》・如《にょ》是《ぜ》果《か》・如《にょ》是《ぜ》報《ほう》・如《にょ》是《ぜ》本《ほん》末《まつ》究《く》竟等《きょうとう》なり。

現代語訳

うな働きと、このような直接原因と、このような間接原因と、このような結果と、このような果報《かほう》と、初めと最後が結局同一であるというものである。

## ことば

**世尊《せそん》**＝世に尊い存在という意味で、釈尊《しゃくそん》のこと。

**三昧《さんまい》**＝梵語《ぼんご》のサマーディの音写で、定《じょう》と訳される。心を一つのところに定め、正しくものが見られる状態のこと。

**舎利弗《しゃりほつ》**＝釈尊の十大弟子の一人で、智慧《ちえ》第一といわれる。

**声聞《しょうもん》**＝仏の教えを聞いて、悟《さと》りを開く人。

**辟支仏《ひゃくしぶつ》**＝縁覚《えんがく》、あるいは独覚《どっかく》のこと。外縁によって悟る、あるいは独り悟る人のこと。

**道法《どうほう》**＝仏の教えといった意味。

**成仏《じょうぶつ》**＝悟りを開き、仏に成ること。

**因縁《いんねん》**＝因《いん》とは直接の原因、縁《えん》とは間接の原因。

**引導《いんどう》**＝仏の世界などに引き導くこと。

**知見波羅蜜《ちけんはらみつ》**＝波羅蜜とは梵語のパーラミターの音写。到彼岸《とうひがん》と訳す。修行の徳目を実践《じっせん》して、悟りの世界の彼岸に到《いた》ること。知見波羅蜜とは知見（ものごとを悟り知る見方）を実践し、悟りの世界に到ること。

**無量《むりょう》**＝量《はか》ることができないほど多いこと。

**無礙《むげ》**＝障《さわ》りがないこと。

**無所畏**《むしょい》＝畏《おそ》れるところがないこと。

**禅定**《ぜんじょう》＝瞑想《めいそう》のこと。

**解脱**《げだつ》＝苦しみ、悩みから解放されること。

**解説**

　このお経の心を解くキーワードは「諸法実相《しょほうじっそう》」（存在の真実のあり様）です。仏が体現した悟《さと》りの境地とは諸法実相であり、それは声聞《しょうもん》・縁覚《えんがく》の知ることのできるものではなく、仏のみ究《きわ》め尽《つ》くすことのできる境地でもあります。視点をかえれば、悟りの境地とは諸法実相を見透《みとお》す智慧《ちえ》だということになります。

　実相とは、存在がこのような相《そう》（如是相《にょぜそう》）と、このような本性《ほんしょう》（如是性《にょぜしょう》）と、このような本体（如是体《にょぜたい》）と、このような潜在的力《せんざいてきちから》（如是力《にょぜりき》）と、このような働き（如是作《にょぜさ》）と、このような直接原因（如是因《にょぜいん》）と、このような間接原因（如是縁《にょぜえん》）と、このような結果（如是果《にょぜか》）と、このような果報《かほう》（如是報《にょぜほう》）と、初めと最後が結局同一である（本末究竟等《ほんまつくきょうとう》）というものです。

「唯仏与仏《ゆいぶつよぶつ》　乃能究尽《ないのうくじん》　諸法実相《しょほうじっそう》」（唯《ただ》仏と仏と乃《いま》し能《よ》く諸法の実相を究尽《くじん》したまえり）とあるごとく、その世界は仏だけが百パーセント知ることのできるもので、私たちのような凡人にはなかなか近づき難い世界でもあります。

　『法華経《ほけきょう》』の「方便品《ほうべんぼん》」は「如来寿量品《にょらいじゅりょうほん》」とともに、教義的《きょうぎてき》には『法華経』の二大中心といわれ、特に重視されている章なのです。

　なお、天台宗を開いた天台智顗《ちぎ》という人は『摩訶止観《まかしかん》』の中で、天台の根本の教説である「一念三千《いちねんさんぜん》」ということを説いています。その意味は、私たちの心の中に三千世間《せけん》が具足《ぐそく》されているというものです。この十如是《じゅうにょぜ》に示される働きから導かれているもので、この品《ほん》の重みが知られます。

# 妙《みょう》法《ほう》蓮《れん》華《げ》経《きょう》　如《にょ》来《らい》寿《じゅ》量《りょう》品《ほん》第《だい》十《じゅう》六《ろく》［自我偈《じがげ》］

**天台宗・日蓮宗**

この偈《げ》が「自我得仏来《じがとくぶつらい》」の言葉から、始まるところから、「自我偈《じがげ》」といわれます。また、内容の方面より「久遠偈《くおんげ》」ともいわれます。日蓮《にちれん》はこの「自我偈」を仏教の眼目《がんもく》と述べ、非常に重視しています。天台宗、日蓮宗などであらゆる時に読まれます。久遠《くおん》の昔に成仏《じょうぶつ》してから、釈尊が何度も何度もこの世に出現し、そして今も人々を救済し続けていることが説かれています。戦後の『法華経』系の新興仏教でも読まれます。なお、読み下し文は、渡辺宝陽氏のそれによりました。

**原文**

自《じー》我《がー》得《とく》仏《ぶつ》来《らい》
所《しょー》経《きょう》諸《しょー》劫《こっ》数《しゅー》
無《むー》量《りょう》百《ひゃく》千《せん》万《まん》
億《おく》載《さい》阿《あー》僧《そう》祇《ぎー》

**読み下し**

我仏《われほとけ》を得《え》てより来《このかた》、
経《へ》たる所《ところ》の諸《もろもろ》の劫数《*こっしゅ》、
無量《むりょう》百千万《まん》、
億載《おくさい》*阿僧祇《あそうぎ》なり。

**現代語訳**

わたし（釈尊《しゃくそん》）がこの世で仏になったと人々は思っているが、そうではない。

わたしが仏になってすでに百千万億阿僧祇劫《あそうぎこう》という長い時間が経過している。

常《じょう》説《せっ》法《ぽう》教《きょう》化《けー》
無《むー》数《しゅー》億《おく》衆《しゅー》生《じょう》
令《りょう》入《にゅう》於《おー》仏《ぶつ》道《どう》
爾《にー》来《らい》無《むー》量《りょう》劫《こう》
為《いー》度《どー》衆《しゅー》生《じょう》故《こー》
方《ほう》便《べん》現《げん》涅《ねー》槃《はん》
而《にー》実《じつ》不《ふー》滅《めつ》度《どー》
常《じょう》住《じゅう》此《しー》説《せっ》法《ぽう》
我《がー》常《じょう》住《じゅう》於《おー》此《しー》

常《つね》に法《ほう》を説《と》いて、
無数億《むしゅおく》の衆生《しゅじょう》を教化《きょうけ》して、
仏道《ぶつどう》に入《い》らしむ。
爾《しか》しより来《このかた》無量劫《むりょうこう》なり。
衆生《しゅじょう》を度《＊ど》せんが為《ため》の故《ゆえ》に、
方便《ほうべん》して涅槃《ねはん》を現《げん》ず。
而《しか》も実《じつ》には滅度《＊めつど》せず、
常《つね》に此《ここ》に住《じゅう》して法《ほう》を説《と》く。
我《われ》常《つね》に此《ここ》に住《じゅう》すれども、



そして、わたしは常に教えを説き、無数億の人々を教化し、仏道に導いてきた。教化してきた時間は無量劫《むりょうこう》という長い時間である。生けるものを救わんがために、巧みな手立てによって、涅槃《ねはん》に入ることを示してみせたわけである。しかし、わたしは本当は亡くなったのではなく、この娑婆《しゃば》世界《せかい》にあって常に教えを説いている。

わたしは常に人々の近くに

原文

以《いー》諸《しょー》神《じん》通《ずう》力《りき》
令《りょう》顛《てん》倒《どう》衆《しゅー》生《じょう》
雖《すい》近《こん》而《にー》不《ふー》見《けん》
衆《しゅー》見《けん》我《がー》滅《めつ》度《どー》
広《こう》供《くー》養《よう》舎《しゃー》利《りー》
咸《げん》皆《かい》懐《えー》恋《れん》慕《ぼー》
而《にー》生《しょう》渇《かつ》仰《ごう》心《しん》
衆《しゅー》生《じょう》既《きー》信《しん》伏《ぶく》

読み下し

諸《もろもろ》の*神通力《じんずうりき》を以《もっ》て、
顛倒《てんどう》の衆生《しゅじょう》をして、
近《ちか》しと雖《いえど》も而《しか》も見《み》ざらしむ。
衆《しゅ》我《わ》が滅度《めつど》を見《み》て、
広《ひろ》く*舎利《しゃり》を供養《くよう》し、
咸《ことごと》く皆恋慕《みなれんぼ》を懐《いだ》いて、
渇仰《かつごう》の心《こころ》を生《しょう》ず。
衆生既《しゅじょうすで》に信伏《しんぶく》し、

現代語訳

いるものの、さまざまな神通《じんずう》力《りき》によって、迷っている人には姿が見えないようにしている。

人々はわたしの亡くなったことを見、広く仏舎利《ぶっしゃり》を供養《くよう》して、わたしを恋《こ》い慕《した》って、渇仰《かつごう》の心を起こす。

このような人は、仏を深く信じ、素直でしかも柔軟《じゅうなん》な心持ちになり、ひたすら仏にお会いしたいと願い、自らの命も惜しむことがない。

質《しち》直《じき》意《いー》柔《にゅう》輭《なん》
一《いっ》心《しん》欲《よく》見《けん》仏《ぶつ》
不《ふー》自《じー》惜《しゃく》身《しん》命《みょう》
時《じー》我《がー》及《ぎゅう》衆《しゅー》僧《そう》
倶《くー》出《しゅつ》霊《りょう》鷲《じゅー》山《せん》
我《がー》時《じー》語《ごー》衆《しゅー》生《じょう》
常《じょう》在《ざい》此《しー》不《ふー》滅《めつ》
以《いー》方《ほう》便《べん》力《りき》故《こー》
現《げん》有《うー》滅《めつ》不《ふー》滅《めつ》

質直《しちじき》にして意《こころ》柔輭《にゅうなん》に、
一心《いっしん》に仏《ほとけ》を見《み》たてまつらんと欲《ほっ》して、
自《みずか》ら身命《しんみょう》を惜《お》しまず。
時《とき》に我《われ》及《およ》び衆僧《しゅそう》、
倶《とも》に＊霊鷲山《りょうじゅせん》に出《い》づ。
我時《われとき》に衆生《しゅじょう》に語《かた》る、
常《つね》に此《ここ》にあって滅《めっ》せず、
方便力《ほうべんりき》を以《もっ》ての故《ゆえ》に、
滅不滅《めつふめつ》ありと現《げん》ず。

---

この時、わたしは弟子たちと共に、霊鷲山《りょうじゅせん》に姿を現すのである。

そして、わたしは語るのである。

わたしは常にこの世にあって亡くなることもなく、巧みな手立てにより、滅することもあれば、そうでないこともあることを示す。

原文

余《よー》国《こく》有《うー》衆《しゅー》生《じょう》
恭《くー》敬《ぎょう》信《しん》楽《ぎょう》者《しゃー》
我《がー》復《ぶー》於《おー》彼《ひー》中《ちゅう》
為《いー》説《せつ》無《むー》上《じょう》法《ほう》
汝《にょー》等《とう》不《ふー》聞《もん》此《しー》
但《たん》謂《にー》我《がー》滅《めつ》度《どー》
我《がー》見《けん》諸《しょー》衆《しゅー》生《じょう》
没《もつ》在《ざい》於《おー》苦《くー》海《かい》

読み下し

余国《よこく》に衆生《しゅじょう》の、
恭敬《くぎょう》し信楽《しんぎょう》する者《もの》あれば、
我復彼《われまたか》の中《なか》に於《おい》て、
為《ため》に無上《むじょう》の法《ほう》を説《と》く。
汝等此《なんだちこ》れを聞《き》かずして、
但我滅度《ただわれめつど》すと謂《おも》えり。
我《われ》諸《もろもろ》の衆生《しゅじょう》を見《み》れば、
*苦海《くかい》に没在《もつざい》せり。



現代語訳

また、別の世界に仏を敬《うやま》い、教えを信ずるものがあれば、わたしはその世界に赴《おもむ》き、最高の教えを説くであろう。

それにもかかわらず、あなたたちは、わたしのいうことを聞かず、釈尊《しゃくそん》はもう亡くなってしまったと思っている。

わたしが多くの人々を見ていると、苦しみの海に沈んでいることがわかる。

故《こー》不《ふー》為《いー》現《げん》身《しん》
令《りょう》其《ごー》生《しょう》渇《かつ》仰《ごう》
因《いん》其《ごー》心《しん》恋《れん》慕《ぼー》
乃《ない》出《しゅつ》為《いー》説《せっ》法《ぽう》
神《じん》通《ずう》力《りき》如《にょー》是《ぜー》
於《おー》阿《あー》僧《そう》祇《ぎー》劫《こう》
常《じょう》在《ざい》霊《りょう》鷲《じゅー》山《せん》
及《ぎゅう》余《よー》諸《しょー》住《じゅう》処《しょー》
衆《しゅー》生《じょう》見《けん》劫《こう》尽《じん》

故《かるがゆえ》に為《ため》に身《み》を現《げん》ぜずして、
其《そ》れをして渇仰《かつごう》を生《しょう》ぜしむ。
其《そ》の心《こころ》恋慕《れんぼ》するに因《よ》って、
乃《すなわ》ち出《い》でて為《ため》に法《ほう》を説《と》く。
神通力《じんずうりき》是《かく》の如《ごと》し、
阿僧祇劫《あそうぎこう》に於《おい》て、
常《つね》に霊鷲山《りょうじゅせん》、
及《およ》び余《よ》の諸《もろもろ》の住処《じゅうしょ》にあり。
衆生《しゅじょう》*劫《こう》尽《つ》きて、

わたしが身を現さないから、かえって渇仰《かつごう》の心を起こさせるのである。
人々にわたしへの恋慕《れんぼ》の心が起こるなら、そこに現れ、教えを説くであろう。
わたしの神通力《じんずうりき》とはこのようなものである。
阿僧祇劫《あそうぎこう》という長い間、わたしは常に霊鷲山《りょうじゅせん》、および他の多くの世界にいるのである。

原文

大《だい》火《かー》所《しょー》焼《しょう》時《じー》
我《がー》此《しー》土《どー》安《あん》穏《のん》
天《てん》人《にん》常《じょう》充《じゅう》満《まん》
園《おん》林《りん》諸《しょー》堂《どう》閣《かく》
種《しゅー》種《じゅー》宝《ほう》荘《しょう》厳《ごん》
宝《ほう》樹《じゅー》多《たー》華《けー》果《かー》
衆《しゅー》生《じょう》所《しょー》遊《ゆう》楽《らく》
諸《しょー》天《てん》撃《きゃく》天《てん》鼓《くー》

読み下し

大火《だいか》に焼《や》かるると見《み》る時《とき》も、
我《わ》が此《こ》の土《ど》は安穏《あんのん》にして、
天人《てんにん》常《つね》に充満《じゅうまん》せり。
園林《おんりん》 諸《もろもろ》の堂閣《どうかく》、
種々《しゅじゅ》の宝《たから》をもって荘厳《しょうごん》し、
宝樹華果《ほうじゅけか》多《おお》くして、
衆生《しゅじょう》の遊楽《ゆらく》する所《ところ》なり。
諸天天鼓《しょてんてんく》を撃《う》って、

現代語訳

世界が滅びる時がやって来て、大火に焼かれる時でも、わたしのこの国土は安穏《あんのん》で、神々と人々で満たされている。

美しい園や林、堂閣《どうかく》などがあり、それは種々の宝石で飾られ、宝の樹《き》は華《はな》や実が多くつき、生けるものはそこで遊び楽しんでいる。

常《じょう》作《さー》衆《しゅー》妓《ぎー》楽《がく》
雨《うー》曼《まん》陀《だー》羅《らー》華《けー》
散《さん》仏《ぶつ》及《ぎゅう》大《だい》衆《しゅー》
我《がー》浄《じょう》土《どー》不《ふー》毀《きー》
而《にー》衆《しゅー》見《けん》焼《しょう》尽《じん》
憂《うー》怖《ふー》諸《しょー》苦《くー》悩《のう》
如《にょー》是《ぜー》悉《しつ》充《じゅう》満《まん》
是《ぜー》諸《しょー》罪《ざい》衆《しゅー》生《じょう》
以《いー》悪《あく》業《ごう》因《いん》縁《ねん》

常《つね》に衆《もろもろ》の妓楽《ぎがく》を作《な》し、
*曼陀羅華《まんだらけ》を雨《ふ》らして、
仏及《ほとけおよ》び大衆《だいしゅ》に散《さん》ず。
我《わ》が浄土《じょうど》は毀《やぶ》れざるに、
而《しか》も衆《しゅ》は焼《や》け尽《つ》きて、
憂怖《うふ》諸《もろもろ》の苦悩《くのう》、
是《かく》の如《ごと》き悉《ことごと》く充満《じゅうまん》せりと見《み》る。
是《こ》の諸《もろもろ》の罪《つみ》の衆生《しゅじょう》は、
悪業《あくごう》の因縁《いんねん》を以《もっ》て、

神々は天の鼓《つづみ》を打ち、常に音楽をかなで、曼陀羅華《まんだらけ》を天より降らせ、仏や多くの人々に散らしている。

わたしの浄土《じょうど》は壊《こわ》れることはないのに、多くの人々は劫《ごう》火《か》によって焼け尽くされ、憂《うれ》い、恐れ、苦悩などの苦しみに満ちていると思っている。

このような罪深い人たちは悪業《あくごう》の因縁《いんねん》によって、阿僧祇《あそうぎ》劫《こう》という長い間、三宝《さんぼう》の名前さえ聞くことはない。

原文

過《かー》阿《あー》僧《そう》祇《ぎー》劫《こう》
不《ふー》聞《もん》三《さん》宝《ぼう》名《みょう》
諸《しょー》有《うー》修《しゅー》功《くー》徳《どく》
柔《にゅう》和《わー》質《しち》直《じき》者《しゃー》
則《そっ》皆《かい》見《けん》我《がー》身《しん》
在《ざい》此《しー》而《にー》説《せっ》法《ぼう》
或《わく》時《じー》為《いー》此《しー》衆《しゅー》
説《せっ》仏《ぶっ》寿《じゅー》無《むー》量《りょう》

読み下し

阿僧祇劫《あそうぎこう》を過《す》ぐれども、
*三宝《さんぼう》の名《みな》を聞《き》かず。
諸《もろもろ》の有《あら》ゆる功徳《くどく》を修《しゅ》し、
柔和質直《にゅうわしちじき》なる者《もの》は、
則《すなわ》ち皆《みな》我《わ》が身《み》、
此《ここ》にあって法《ほう》を説《と》くと見《み》る。
或時《あるとき》は此《こ》の衆《しゅ》の為《ため》に、
仏寿無量《ぶつじゅむりょう》なりと説《と》く。



現代語訳

これに対し、功徳《くどく》を修《おさ》め、柔和で、素直な人々は、わたしが娑婆世界《しゃばせかい》にあって、教えを説いているのを見るのである。

ある時には、人々にわたしの寿命《じゅみょう》は無量《むりょう》であると説き、長い時間を経て、仏を見たものに対しては、仏にお会いすることは難しいと説く。

久《くー》乃《ない》見《けん》仏《ぶつ》者《しゃー》
為《いー》説《せつ》仏《ぶつ》難《なん》値《ちー》
我《がー》智《ちー》力《りき》如《にょー》是《ぜー》
慧《えー》光《こう》照《しょう》無《むー》量《りょう》
寿《じゅー》命《みょう》無《むー》数《しゅー》劫《こう》
久《くー》修《しゅー》業《ごう》所《しょー》得《とく》
汝《にょー》等《とう》有《うー》智《ちー》者《しゃー》
勿《もつ》於《とー》此《しー》生《しょう》疑《ぎー》
当《とう》断《だん》令《りょう》永《よう》尽《じん》

久《ひさ》しくあって乃《いま》し仏《ほとけ》を見《み》たてまつる者《もの》には、
為《ため》に仏《ほとけ》には値《あ》い難《がた》しと説《と》く。
我《わ》が智力是《ちりきかく》の如《ごと》し、
*慧光照《えこうてら》すこと無量《むりょう》に、
寿命無数劫《じゅみょうむしゅこう》、
久《ひさ》しく業《ごう》を修《しゅ》して得《う》る所《ところ》なり。
汝等智《なんだちち》あらん者《もの》、
此《ここ》に於《おい》て疑《うたがい》を生《しょう》ずることなかれ。
当《まさ》に断《だん》じて永《なが》く尽《つ》きしむべし、

---

わたしの智慧《ちえ》の働きとはこのようなもので、智慧の光が照らすところは無量《むりょう》である。

わたしの寿命《じゅみょう》が無数の劫《こう》という長い時間なのは、長い間の善行《ぜんこう》の結果である。

なんじら智慧のある者は、まさにこのことについて疑いを生じてはいけない。

永久に疑いを断《た》ち尽《つ》くしなさい。

仏の言葉は真実で、嘘偽《うそいつわ》りはない。

原文

仏《ぶつ》語《ごー》実《じつ》不《ふー》虚《こー》
如《にょー》医《いー》善《ぜん》方《ほう》便《べん》
為《いー》治《じー》狂《おう》子《しー》故《こー》
実《じつ》在《ざい》而《にー》言《ごん》死《しー》
無《むー》能《のう》説《せつ》虚《こー》妄《もう》
我《がー》亦《やく》為《いー》世《せー》父《ぶー》
救《くー》諸《しょー》苦《くー》患《げん》者《しゃ》
為《いー》凡《ぼん》夫《ぶー》顛《てん》倒《どう》

読み下し

*仏語《ぶつご》は実《じつ》にして虚《むな》しからず。
医《い》の善《よ》き方便《ほうべん》をもって、
*狂子《おうじ》を治《じ》せんが為《ため》の故《ゆえ》に、
実《じつ》には在《あ》れども而《しか》も死《し》すというに、
能《よ》く虚妄《こもう》を説《と》くもののなきが如《ごと》く。
我《われ》も亦《また》為《こ》れ世《よ》の父《ちち》、
諸《もろもろ》の苦患《くげん》を救《すく》う者《もの》なり。
凡夫《ぼんぶ》の顛倒《てんどう》せるを為《もっ》て、

現代語訳

それは医者が善い手立てによって、本心を失った子供を治《なお》すために、実際には生きているにもかかわらず、自分は死んだといって、その子供を治したとしても嘘偽りといわないようなものである。わたしは世の父で、もろもろの苦しみ、患《わずら》っている人を救う。凡夫《ぼんぶ》たちが迷っているから、実際は生きているにもかかわらず、滅したというのである。

実《じつ》在《ざい》而《にー》言《ごん》滅《めつ》
以《いー》常《じょう》見《けん》我《がー》故《こー》
而《にー》生《しょう》憍《きょう》恣《しー》心《しん》
放《ほう》逸《いつ》著《じゃく》五《ごー》欲《よく》
堕《だー》於《おー》悪《あく》道《どう》中《ちゅう》
我《がー》常《じょう》知《ちー》衆《しゅー》生《じょう》
行《ぎょう》道《どう》不《ふー》行《ぎょう》道《どう》
随《ずい》応《おう》所《しょー》可《かー》度《どー》
為《いー》説《せつ》種《しゅー》種《じゅー》法《ほう》

実《じつ》には在《あ》れども而《しか》も滅《めつ》すと言《い》う。
常《つね》に我《われ》を見《み》るを以《もっ》ての故《ゆえ》に、
而《しか》も憍恣《きょうし》の心《こころ》を生《しょう》じ、
放逸《ほういつ》にして五欲《ごよく》に著《じゃく》し、
悪道《あくどう》の中《なか》に堕《お》ちなん。
我常《われつね》に衆生《しゅじょう》の、
道《どう》を行《ぎょう》じ道《どう》を行《ぎょう》ぜざるを知《し》って、
度《ど》すべき所《ところ》に随《したが》って、
為《ため》に種々《しゅじゅ》の法《ほう》を説《と》く。



というのは常にわたしを見ることができるなら、凡夫にはおごりたかぶる心が起こり、気ままになり、眼耳鼻舌身の五官より生ずる欲望に執著《しゅうじゃく》し、地獄《じごく》、餓鬼《がき》、畜生《ちくしょう》といった悪道に堕《お》ちてしまうからである。

わたしは常に人々が道を修行しているものと、していないものとをよく知っている。

人々の修行のあり方に従い、ふさわしく、種々の教えを説くのである。

**原文**

毎《まい》自《じー》作《さー》是《ぜー》念《ねん》
以《いー》何《がー》令《りょう》衆《しゅー》生《じょう》
得《とく》入《にゅう》無《むー》上《じょう》道《どう》
速《そく》成《じょう》就《じゅー》仏《ぶっ》身《しん》

**読み下し**

毎《つね》に自《みずか》ら是《こ》の念《ねん》を作《な》す。
何《なに》を以《もっ》てか衆生《しゅじょう》をして無上道《むじょうどう》に入《い》り、
速《すみや》かに仏身《ぶっしん》を成就《じょうじゅ》することを得《え》せしめんと。

**現代語訳**

わたしはいつも、このように考えている。

どのようにして、人々を無《む》上《じょう》の仏道に入らしめ、速やかに仏身《ぶっしん》を完成させることができるか、と。

**ことば**

**劫**《こう》＝梵語《ぼんご》のカルパの音写で、非常に長い時間のこと。
**阿僧祇**《あそうぎ》＝梵語《ぼんご》のアサンキャの音写で、無数という意味。
**度**《ど》＝救うという意味。
**滅度**《めつど》＝涅槃《ねはん》に同じ。ここでは亡くなることを意味する。
**神通力**《じんずうりき》＝超自然的な、不思議な力のこと。
**舎利**《しゃり》＝梵語のシャリーラの音写で、遺骨のこと。
**霊鷲山**《りょうじゅせん》＝マガダ国の王舎城《おうしゃじょう》の東北にある山で、釈尊《しゃくそん》が説法したところ。
**苦海**《くかい》＝苦しみの海。
**劫尽**《こうつ》**きて**＝世界が滅びるという意味。
**曼陀羅華**《まんだらけ》＝梵語のマンダーラの音写。美しく、これを見るものは悦《よろこ》びを感ずる天の華《はな》。
**三宝**《さんぼう》＝仏《ぶつ》・法《ぽう》（教え）・僧《そう》のこと。
**慧光**《えこう》＝智慧《ちえ》の光のこと。
**仏語**《ぶつご》＝仏の言葉。
**狂子**《おうじ》＝本心を失った子供。

**解説**

釈尊《しゃくそん》は八十歳で亡くなったと思われていますが、そうではなく、如来《にょらい》の寿命《じゅみょう》は永遠で、しかも、いつでも、どこでも私たち生けるものに働きかけていると、このお経は説いています。

日本仏教の出発点は聖徳太子《しょうとくたいし》です。太子は『法華経《ほけきょう》』『維摩経《ゆいまぎょう》』『勝鬘経《しょうまんぎょう》』の三つのお経の注釈《ちゅうしゃく》をしています。『三経義疏《さんぎょうぎしょ》』がそれです。その中に、仏を注釈して、仏は形を超え、太虚をもって体として、すべてに働きかけているといっています。

すなわち、「寿量品《じゅりょうほん》」に説かれている世界と同じ考え方を示しているのです。これはまた、日本仏教における仏の概念《がいねん》にもなっていくわけです。

こういった考えは法然《ほうねん》、親鸞《しんらん》、道元《どうげん》、日蓮《にちれん》といった鎌倉仏教の祖師《そし》方にも共通して見られるものです。

例えば法然は、

月かげのいたらぬさとはなけれども
　ながむる人のこゝろにぞすむ

という歌を詠《よ》んでいます。これは月の光の照らさないところはないが、それを見ようとする心がなければ見ることができないというもので、いおうとするところは仏の光、慈悲《じひ》の働きというものはどこにもあるが、見ようとする心、感じようとする心がなければ見ることも、感ずることもできないというものです。

「寿量品」に見られる、どこにあっても常に働きかけをなしている仏と同じだと見ることができます。

このように見てくると、仏教者の命とは、実は仏からの働きというものを感ずることができるか、いや摑《つか》むことができるかどうかに係ってくるわけで、このお経の教えるところは多大であるといえます。

# 観音経《かんのんぎょう》「妙法蓮華経《みょうほうれんげきょう》 観世音菩薩普門品第二十五《かんぜおんぼさつふもんぼんだいにじゅうご》」

**真言宗・天台宗・臨済宗・曹洞宗・日蓮宗など**

『観音経《かんのんぎょう》』として親しまれているお経で、正確には『妙法蓮華経観世音菩薩普門品《みょうほうれんげきょうかんぜおんぼさつふもんぼん》』といい、仏事や法事の折、しばしばあげられます。どこにいても、どんな時にでも、南無観世音菩薩《なむかんぜおんぼさつ》と念ずるなら、観音さまはもろもろの苦しみ、悩みから私たちをお救いくださるというもので、広く信仰されています。お経は真言宗、天台宗、臨済宗、曹洞宗、日蓮宗などで読まれます。西国三十三ヵ所や坂東三十三ヵ所は観音の霊場《れいじょう》としてよく知られています。

**原文**

**世《せー》尊《そん》妙《みょう》相《そう》具《ぐー》**
**我《がー》今《こん》重《じゅう》問《もん》彼《ぴー》**
**仏《ぶっ》子《しー》何《がー》因《いん》縁《ねん》**
**名《みょう》為《いー》観《かん》世《ぜー》音《おん》**

**読み下し**

世尊《せそん》は*妙相具《みょうそうそなわ》りたまえり、
我今重《われいまかさ》ねて彼《かれ》を問《と》いたてまつる。
*仏子何《ぶっしなん》の因縁《いんねん》ありてか、
名《なづ》けて観世音《かんぜおん》と為《な》す。

**現代語訳**

世尊《せそん》は三十二相などのすぐれたお姿を具《そな》えておられる。わたし（無尽意菩薩《むじんにぼさつ》）は今、重ねて観世音《かんぜおん》のことについてお尋《たず》ね申し上げる。仏の子はどういう因縁《いんねん》があって、観世音と名づけられたのでしょうか。

具《ぐー》足《そく》妙《みょう》相《そう》尊《そん》
偈《げー》答《とう》無《むー》尽《じん》意《にー》
汝《にょー》聴《ちょう》観《かん》音《のん》行《ぎょう》
善《ぜん》応《のう》諸《しょー》方《ほう》所《しょ》
弘《ぐー》誓《ぜい》深《じん》如《にょー》海《かい》
歴《りゃっ》劫《こう》不《ふー》思《しー》議《ぎー》
侍《じー》多《たー》千《せん》億《のく》仏《ぶつ》
発《ほっ》大《だい》清《しょう》浄《じょう》願《がん》
我《がー》為《いー》汝《にょー》略《りゃく》説《せつ》

妙相《みょうそう》を具足《ぐそく》したまえる尊《そん》、
偈《げ》をもって*無尽意《むじんに》に答《こた》えたまわく。
汝観音《なんじかんのん》の行《ぎょう》を聴《き》け、
善《よ》く諸《もろもろ》の方所《ほうしょ》に応《おう》ず。
弘誓《ぐぜい》の深《ふか》きこと海《うみ》の如《ごと》く、
劫《こう》を歴《ふ》とも思議《しぎ》せられず。
多千億《たせんおく》の仏《ほとけ》に侍《つか》えて、
大清浄《だいしょうじょう》の願《がん》を発《おこ》せり。
我汝《われなんじ》が為《ため》に略《りゃく》して説《と》かん、



すぐれたお姿を具《そな》えた世尊《せそん》は偈《げ》で、無尽意菩薩《むじんにぼさつ》にお答えになった。

「なんじよ、観音《かんのん》の行《ぎょう》はあらゆる場所から、あらゆる人々の願いに応じたもので、その大いなる誓願《せいがん》の深いことは、海が深いのと同じで、劫《こう》という長い時間でも思議《しぎ》することはできない。何千億の仏に仕《つか》え、大清浄《だいしょうじょう》の願を発《おこ》したのである。

わたしは、なんじのために、略して説きあかそう。

**原文**

聞《もん》名《みょう》及《ぎゅう》見《けん》身《しん》
心《しん》念《ねん》不《ふー》空《くう》過《かー》
能《のう》滅《めつ》諸《しょー》有《うー》苦《くー》
仮《けー》使《しー》興《こう》害《がい》意《いー》
推《すい》落《らく》大《だい》火《かー》坑《きょう》
念《ねん》彼《ぴー》観《かん》音《のん》力《りき》
火《かー》坑《きょう》変《へん》成《じょう》池《ちー》
或《わく》漂《ひょう》流《るー》巨《こー》海《かい》

**読み下し**

名《な》を聞《き》き及《およ》び身《み》を見《み》、
心《こころ》に念《ねん》じて空《むな》しく過《す》ごさざれば、
能《よ》く諸有《しょう》の苦《く》を滅《めっ》す。
仮使《たとい》害《がい》の意《こころ》を興《おこ》して、
大《おお》いなる*火坑《かきょう》に推《お》し落《おと》されんに、
彼《か》の観音《かんのん》の力《ちから》を念《ねん》ぜば、
火坑変《かきょうへん》じて池《いけ》と成《な》らん。
或《あるい》は巨海《きょかい》に漂流《ひょうりゅう》して、

**現代語訳**

観世音《かんぜおん》の名を聞き、姿を見、心に念じ、空しく過ごさないなら、もろもろの苦しみは滅するであろう。

たとえ誰かに害を加えようという思いにより、大きな火の坑《あな》に突き落とされようとも、かの観音《かんのん》の力を念ずるなら、火の坑は水のある池に変わるであろう。

あるいは大きな海に漂流《ひょうりゅう》し

竜《りゅう》魚《ぎょ》諸《しょー》鬼《きー》難《なん》
念《ねん》彼《ぴー》観《かん》音《のん》力《りき》
波《はー》浪《ろう》不《ふー》能《のう》没《もつ》
或《わく》在《ざい》須《しゅー》弥《みー》峯《ぶー》
為《いー》人《にん》所《しょー》推《すい》堕《だー》
念《ねん》彼《ぴー》観《かん》音《のん》力《りき》
如《にょ》日《にち》虚《こー》空《くう》住《じゅう》
或《わく》被《ひー》悪《あく》人《にん》逐《ちく》
堕《だー》落《らく》金《こん》剛《ごう》山《せん》

竜魚諸鬼《りゅうぎょしょき》の難《なん》あらんに、
彼《か》の観音《かんのん》の力《ちから》を念《ねん》ぜば、
波浪《はろう》も没《ぼっ》すること能《あた》わじ。
或《あるい》は*須弥《しゅみ》の峯《みね》に在《あ》りて、
人《ひと》の為《ため》に推《お》し堕《おと》されんに、
彼《か》の観音《かんのん》の力《ちから》を念《ねん》ぜば、
日《ひ》の如《ごと》くにして虚空《こくう》に住《じゅう》せん。
或《あるい》は悪人《あくにん》に逐《お》われて、
*金剛山《こんごうせん》より堕落《だらく》せんに、

て、竜や魚やもろもろの鬼に出会い、害を加えられようとしても、かの観音の力を念ずるなら、海の波もかれを沈めることはできないであろう。

あるいは須弥山《しゅみせん》の頂上にあって、人に突き落とされたとしても、かの観音の力を念ずるなら、太陽のように虚空《こくう》にとどまるであろう。

あるいは悪人に追われ、金《こん》剛山《ごうせん》から墜落《ついらく》しようとも、か

原文

念《ねん》彼《ぴー》観《かん》音《のん》力《りき》
不《ふー》能《のう》損《そん》一《いち》毛《もう》
或《わく》値《ちー》怨《おん》賊《ぞく》繞《にょう》
各《かく》執《しゅう》刀《とう》加《かー》害《がい》
念《ねん》彼《ぴー》観《かん》音《のん》力《りき》
咸《げん》即《そく》起《きー》慈《じー》心《しん》
或《わく》遭《そう》王《おう》難《なん》苦《くー》
臨《りん》刑《ぎょう》欲《よく》寿《じゅ》終《しゅう》

読み下し

彼《か》の観音《かんのん》の力《ちから》を念《ねん》ぜば、
一毛《いちもう》をも損《そん》すること能《あた》わじ。
或《あるい》は怨賊《おんぞく》の繞《かこ》みて、
各《おのおの》　刀《つるぎ》を執《と》りて害《がい》を加《くわ》うるに値《あ》わんに、
彼《か》の観音《かんのん》の力《ちから》を念《ねん》ぜば、
咸《ことごと》く即《すなわ》ち慈心《じしん》を起《おこ》さん。
或《あるい》は王難《おうなん》の苦《く》に遭《あ》いて、
刑《けい》に臨《のぞ》みて寿終《じゅおわ》らんと欲《ほっ》せんに、

現代語訳

の観音《かんのん》の力を念ずるなら、一本の毛さえ損《そこ》なうことはないであろう。

　あるいは怨《うら》みをもった賊《ぞく》に囲まれ、刀によって害を加えられそうになろうとも、かの観音の力を念ずるなら、賊《ぞく》はことごとく即座に慈《いつく》しみの心を起こすであろう。

　あるいは、国王によって処《しょ》罰《ばつ》される難に遭遇《そうぐう》し、刑罰《けいばつ》を受け、まさに命が断たれようとする時、かの観音の力を念

念《ねん》彼《ぴー》観《かん》音《のん》力《りき》
刀《とう》尋《じん》段《だん》段《だん》壊《えー》
或《わく》囚《しゅう》禁《きん》枷《かー》鎖《さー》
手《しゅー》足《そく》被《ひー》杻《ちゅう》械《かい》
念《ねん》彼《ぴー》観《かん》音《のん》力《りき》
釈《しゃく》然《ねん》得《とく》解《げー》脱《だつ》
呪《しゅう》詛《そー》諸《しょー》毒《どく》薬《やく》
所《しょ》欲《よく》害《がい》身《しん》者《しゃ》
念《ねん》彼《ぴー》観《かん》音《のん》力《りき》

彼《か》の観音《かんのん》の力《ちから》を念《ねん》ぜば、
刀《つるぎ》尋《つ》いで段々《だんだん》に壊《お》れなん。
或《あるい》は枷《くびかせ》　鎖《くさり》に囚禁《しゅうきん》せられて、
手足《てあし》に杻《てかせ》　械《あしかせ》を被《こうむ》らんに、
彼《か》の観音《かんのん》の力《ちから》を念《ねん》ぜば、
釈然《しゃくねん》として*解脱《げだつ》を得《え》ん。
呪詛《じゅそ》　諸《もろもろ》の毒薬《どくやく》に、
身《み》を害《がい》せんと欲《ほっ》せられん者《もの》は、
彼《か》の観音《かんのん》の力《ちから》を念《ねん》ぜば、



ずるなら、刀はすぐさま、幾つにも壊《こわ》れてしまうであろう。

あるいは首かせと鎖《くさり》にとらえられ縛《しば》られても、手足に手かせ足かせをはめられても、かの観音の力を念ずるなら、釈《しゃく》然《ぜん》と解《と》き放たれるであろう。

呪《のろ》いともろもろの毒薬によって、身を害されそうになった者が、かの観音の力を念ずるなら、かえってその呪《のろ》いと毒薬の害がもとの人につくであろう。

原文

還《げん》著《じゃく》於《おー》本《ほん》人《にん》
或《わく》遇《ぐう》悪《あく》羅《らー》刹《せつ》
毒《どく》竜《りゅう》諸《しょー》鬼《きー》等《とう》
念《ねん》彼《ぴー》観《かん》音《のん》力《りき》
時《じー》悉《しつ》不《ぷー》敢《かん》害《がい》
若《にゃく》悪《あく》獣《じゅう》囲《いー》繞《にょう》
利《りー》牙《げー》爪《そう》可《かー》怖《ふー》
念《ねん》彼《ぴー》観《かん》音《のん》力《りき》

読み下し

還《かえ》りて本人《ほんにん》に著《つ》きなん。
或《あるい》は悪《あく》*羅刹《らせつ》、
毒竜諸鬼等《どくりゅうしょきとう》に遇《あ》わんに、
彼《か》の観音《かんのん》の力《ちから》を念《ねん》ぜば、
時《とき》に悉《ことごと》く敢《あ》えて害《がい》せじ。
若《も》しくは悪獣囲繞《あくじゅういにょう》して、
利《と》き牙爪《げそう》の怖《おそ》るべきも、
彼《か》の観音《かんのん》の力《ちから》を念《ねん》ぜば、

現代語訳

あるいは、悪い羅刹《らせつ》や毒をもった竜やもろもろの鬼などに遭遇《そうぐう》した時にも、かの観音の力を念ずるなら、その時、かれらはことごとく敢《あ》えて害を加えることはないであろう。

もし恐ろしい獣《けもの》に取り囲まれ、鋭い牙《きば》や爪《つめ》の恐怖《きょうふ》があったとしても、かの観音の力を念ずるなら、それらはすぐにはてしのない方にいってしまうであろう。

疾《しっ》走《そう》無《むー》辺《へん》方《ぼう》
蚖《がん》蛇《じゃ》及《ぎゅう》蝮《ぶっ》蠍《かつ》
気《けー》毒《どく》煙《えん》火《かー》燃《ねん》
念《ねん》彼《ぴー》観《かん》音《のん》力《りき》
尋《じん》声《しょう》自《じー》回《えー》去《こー》
雲《うん》雷《らい》鼓《くー》掣《せい》電《でん》
降《ごう》雹《ばく》澍《じゅー》大《だい》雨《うー》
念《ねん》彼《ぴー》観《かん》音《のん》力《りき》
応《おう》時《じー》得《とく》消《しょう》散《さん》

疾《と》く無辺《むへん》の方《かた》に走《はし》らん。
蚖蛇《がんだ》及《およ》び蝮蠍《ふっかつ》、
*気毒《けどく》、煙火《えんか》の燃《も》ゆるごとくならんに、
彼《か》の観音《かんのん》の力《ちから》を念《ねん》ぜば、
声《こえ》に尋《つ》いで自《みずか》ら回《めぐ》り去《さ》らん。
雲《くも》りて雷《らい》、鼓《こ》、*掣電《せいでん》して、
雹《ひょう》を降《ふ》らして大雨《だいう》を澍《そそ》がんに、
彼《か》の観音《かんのん》の力《ちから》を念《ねん》ぜば、
時《とき》に応《おう》じて消散《しょうさん》することを得《え》ん。

---

蚖《とかげ》や蛇《へび》や蝮《まむし》や蝎《さそり》の毒気《どっけ》が火のようなものであっても、かの観音《かんのん》の力を念ずるなら、それらはたちまちみずから逃げてしまうであろう。
雷《らい》がとどろき、稲妻《いなずま》がはしり、あられが降り、大雨が降っても、かの観音の力を念ずるなら、それらはたちまち消散するであろう。

原文

衆《しゅー》生《じょう》被《ひー》困《こん》厄《やく》
無《むー》量《りょう》苦《くー》逼《ひっ》身《しん》
観《かん》音《のん》妙《みょう》智《ちー》力《りき》
能《のう》救《ぐー》世《せー》間《けん》苦《くー》
具《ぐー》足《そく》神《じん》通《ずう》力《りき》
広《こう》修《しゅー》智《ちー》方《ほう》便《べん》
十《じっ》方《ぽう》諸《しょー》国《こく》土《どー》
無《むー》刹《せつ》不《ふー》現《げん》身《しん》

読み下し

衆生困厄《しゅじょうこんやく》を被《こうむ》りて、
無量《むりょう》の苦《く》、身《み》に逼《せま》らんに、
観音《かんのん》*妙智《みょうち》の力《ちから》、
能《よ》く世間《せけん》の苦《く》を救《すく》う。
神通力《じんずうりき》を具足《ぐそく》し、
広《ひろ》く智《ち》の方便《ほうべん》を修《しゅう》して、
十方《じっぽう》の諸《もろもろ》の国土《こくど》に、
刹《くに》として身《み》を現《げん》ぜざること無《な》し。

現代語訳

人々が苦しみ悩みを受け、無量《むりょう》の苦しみが迫ってこようとする時、観音の妙《たえ》なる智慧《ちえ》の力は、よく世間の苦を救う。

神通力《じんずうりき》を具《そな》え、智慧《ちえ》による巧みな手立てにより人々を教え導き、十方《じっぽう》のもろもろの国土に、どのような国土であれ身を現さないことはないであろう。

種《しゅ》種《じゅー》諸《しょー》悪《あく》趣《しゅー》
地《じー》獄《ごく》鬼《きー》畜《ちく》生《しょう》
生《しょう》老《ろう》病《びょう》死《しー》苦《くー》
以《いー》漸《ぜん》悉《しつ》令《りょう》滅《めつ》
真《しん》観《かん》清《しょう》浄《じょう》観《かん》
広《こう》大《だい》智《ちー》慧《えー》観《かん》
悲《ひー》観《かん》及《ぎゅう》慈《じー》観《かん》
常《じょう》願《がん》常《じょう》瞻《せん》仰《ごう》
無《むー》垢《くー》清《しょう》浄《じょう》光《こう》

種種《しゅじゅ》の諸《もろもろ》の *悪趣《あくしゅ》、
*地獄鬼畜生《じごくきちくしょう》、
*生老病死《しょうろうびょうし》の苦《く》、
以《もっ》て漸《ようや》く悉《ことごと》く滅《めっ》せしむ。
*真観《しんかん》、*清浄観《しょうじょうかん》、
広大《こうだい》*智慧観《ちえかん》、
*悲観及《ひかんおよ》び*慈観《じかん》、
常《つね》に願《ねが》い常《つね》に瞻仰《せんごう》すべし。
無垢清浄《むくしょうじょう》の光《ひかり》ありて、



---

種々の悪道《あくどう》、すなわち地獄《じごく》と餓鬼《がき》と畜生《ちくしょう》と、生老病死《しょうろうびょうし》の苦も、それによりだんだんとことごとく消滅するであろう。

観音には真実を見極《みきわ》める力、清らかなものを分別《ぶんべつ》する力、広大無辺《むへん》の智慧《ちえ》の力、すべてを慈《いつく》しみ救う力がある。

常に願い、仰《あお》ぎみなさい。

垢《けが》れのない、清浄《せいじょう》なる、太

原文

慧《えー》日《にち》破《はー》諸《しょ》闇《あん》
能《のう》伏《ぶく》災《さい》風《ふう》火《かー》
普《ふー》明《みょう》照《しょう》世《せー》間《けん》
悲《ひー》体《たい》戒《かい》雷《らい》震《しん》
慈《じー》意《いー》妙《みょう》大《だい》雲《うん》
澍《じゅー》甘《かん》露《ろー》法《ほう》雨《うー》
滅《めつ》除《じょー》煩《ぼん》悩《のう》燄《えん》
諍《じょう》訟《しょー》経《きょう》官《かん》処《しょ》

読み下し

*慧日《えにち》 諸《もろもろ》の闇《やみ》を破《は》し、
能《よ》く災《さい》の風火《ふうか》を伏《ふ》して、
普《あまね》く明《あきら》かに世間《せけん》を照《て》らす。
悲体《ひたい》の戒《かい》は雷震《らいしん》のごとく、
慈意《じい》の妙《みょう》なること大雲《だいうん》のごとく、
*甘露《かんろ》の法雨《ほうう》を澍《そそ》ぎ、
煩悩《ぼんのう》の燄《ほのお》を滅除《めつじょ》す。
諍訟《じょうしょう》して官処《かんしょ》を経《へ》、

現代語訳

陽のような智慧《ちえ》の光は迷いの闇《やみ》を破り、災《わざわ》いの風と火を伏《ふ》して、普《あまね》く世間を照らすであろう。

観音は悲《ひ》の体と慈《じ》の心で、雷《らい》が空を震《ふる》わせ、妙《たえ》なる大雲が雨を降らせ草木を潤《うるお》すごとく、甘露《かんろ》なる法の雨を降らせ、煩悩《ぼんのう》の焔《ほのお》を消してしまうであろう。

訴訟《そしょう》がおきて公の場で争っ

怖《ふー》畏《いー》軍《ぐん》陣《じん》中《ちゅう》
念《ねん》彼《ぴー》観《かん》音《のん》力《りき》
衆《しゅう》怨《おん》悉《しつ》退《たい》散《さん》
妙《みょう》音《おん》観《かん》世《ぜー》音《おん》
梵《ぼん》音《のん》海《かい》潮《ちょう》音《おん》
勝《しょう》彼《ひー》世《せー》間《けん》音《のん》
是《ぜー》故《こー》須《しゅー》常《じょう》念《ねん》
念《ねん》念《ねん》勿《もっ》生《しょう》疑《ぎー》
観《かん》世《ぜー》音《おん》浄《じょう》聖《しょう》

軍陣《ぐんじん》の中《なか》に怖畏《ふい》せんに、
彼《か》の観音《かんのん》の力《ちから》を念《ねん》ぜば、
衆《もろもろ》の怨《あだ》 悉《ことごと》く退散《たいさん》せん。
妙音観世音《みょうおんかんぜおん》、
*梵音海潮音《ぼんのんかいちょうおん》、
勝彼世間音《しょうひせけんおん》あり、
是《こ》の故《ゆえ》に須《すべから》く常《つね》に念《ねん》ずべし。
念々《ねんねん》に疑《ぎ》を生《しょう》ずること勿《なか》れ、
観世音浄 聖《かんぜおんじょうしょう》は、

---

たり、戦場の中にあって恐怖《きょうふ》を感じた時、かの観音の力を念ずるなら、多くの怨《うら》みは消えてなくなってしまう。

妙《たえ》なる音、梵《ぼん》の音、海潮《かいちょう》の音など、かの世間の音に勝《すぐ》れている。

それ故、常に観世音《かんぜおん》を念じなさい。

一念ごとに疑いがないようにしなさい。

清らかで聖《せい》なる観世音は、

原文

於《おー》苦《くー》悩《のう》死《しー》厄《やく》
能《のう》為《いー》作《さー》依《えー》怙《こー》
具《ぐー》一《いっ》切《さい》功《くー》徳《どく》
慈《じー》眼《げん》視《じー》衆《しゅー》生《じょう》
福《ふく》聚《じゅー》海《かい》無《むー》量《りょう》
是《ぜー》故《こー》応《おう》頂《ちょう》礼《らい》
爾《にー》時《じー》。持《じー》地《じー》菩《ぼー》薩《さー》。即《そく》
従《じゅう》座《ざー》起《きー》。前《ぜん》白《びゃく》仏《ぶつ》言《ごん》。

読み下し

苦悩《くのう》死厄《しやく》に於《お》いて、
能《よ》く為《ため》に*依怙《えこ》と作《な》れり。
一切《いっさい》の功徳《くどく》を具《ぐ》して、
慈眼《じげん》をもって衆生《しゅじょう》を視《み》、
*福聚《ふくじゅ》の海《うみ》無量《むりょう》なり、
是《こ》の故《ゆえ》に応《まさ》に頂礼《ちょうらい》すべし。
爾《そ》の時《とき》に*持地菩薩《じじぼさつ》、即《すなわ》ち座《ざ》より
起《た》ちて、前《すす》みて仏《ほとけ》に白《もう》して言《もう》さく、



現代語訳

苦しみ、死、困厄《こんやく》において、よくよりどころとなる。
観世音は一切の功徳《くどく》を具《そな》え、慈《いつく》しみの眼《め》で生けるものを見ておられる。
その福徳は海のごとく無量《むりょう》である。
それ故、頭を地につけ礼拝《らいはい》すべきである」
その時、持地菩薩《じじぼさつ》はすぐに座より立って、前に進んで、世尊《せそん》に次のように申し上げた。

世《せー》尊《そん》。若《にゃく》有《うー》衆《しゅー》生《じょう》。聞《もん》是《ぜー》観《かん》世《ぜー》音《おん》菩《ぼー》薩《さー》品《ほん》。自《じー》在《ざい》之《しー》業《ごう》。普《ふー》門《もん》示《じー》現《げん》。神《じん》通《ずう》力《りき》者《しゃ》。当《とう》知《ちー》是《ぜー》人《にん》。功《くー》徳《どく》不《ふー》少《しょう》。仏《ぶつ》説《せつ》是《ぜー》普《ふー》門《もん》品《ぼん》時《じー》。衆《しゅー》中《ちゅう》八《はち》万《まん》四《しー》千《せん》衆《しゅー》生《じょう》。皆《かい》発《ほつ》無《むー》等《とう》等《どう》。阿《あー》耨《のく》多《たー》羅《らー》三《さん》藐《みゃく》三《さん》菩《ぼー》提《だい》心《しん》。

世尊《せそん》、若《も》し衆生《しゅじょう》有《あ》りて、是《こ》の観世音菩薩品《かんぜおんぼさつほん》の*自在《じざい》の業《ごう》、*普門示現《ふもんじげん》の神通力《じんずうりき》を聞《き》かん者《もの》は、当《まさ》に知《し》るべし。

是《こ》の人《ひと》は功徳《くどく》少《すくな》からじ。

仏《ほとけ》、是《こ》の普門品《ふもんぼん》を説《と》きたまう時《とき》、衆中《しゅちゅう》の八万四千《はちまんしせん》の衆生《しゅじょう》、皆《みな》、無《む》等々《とうどう》 *阿耨多羅三藐三菩提《あのくたらさんみゃくさんぼだい》の心《こころ》を発《おこ》しき。



「もしこの観世音菩薩品《かんぜおんぼさつほん》に説かれている自由自在の働きと、どこにでも現れる神通力《じんずうりき》について聞く者は、大きな功徳《くどく》があると知るべきである」

世尊《せそん》が普門品《ふもんぼん》をお説きになられた時、説法《せっぽう》を聞かれた八万四千の人々は皆、最高の悟《さと》りを求める心を発《おこ》したのである。

## ことば

**妙相**《みょうそう》＝妙《たえ》なる相《そう》という意味で、仏に具《そな》わる三十二相などのすぐれた特徴。

**仏子**《ぶっし》＝仏の弟子。

**無尽意**《むじんに》＝尽きることのない意志を持つという意味。

**火坑**《かきょう》＝火のあな。

**須弥**《しゅみ》＝須弥山《しゅみせん》のこと。古代インドの宇宙観に説かれる高山で、一世界の中心に位置する。

**金剛山**《こんごうせん》＝金剛よりなる高山。

**解脱**《げだつ》＝苦しみ、迷いから解放されること。

**羅刹**《らせつ》＝人を食べる悪鬼《あっき》。

**気毒**《けどく》＝毒気《どっけ》のこと。

**掣電**《せいでん》＝稲妻《いなずま》がひらめくこと。

**妙智**《みょうち》**の力**《ちから》＝観音《かんのん》の妙なる智慧《ちえ》の力のこと。

**悪趣**《あくしゅ》＝悪道《あくどう》のこと。悪い行為をしたものが堕《お》ちる世界。地獄《じごく》・餓鬼《がき》・畜生《ちくしょう》を三悪趣という。

**地獄鬼畜生**《じごくきちくしょう》＝地獄・餓鬼・畜生のこと。

**生老病死**《しょうろうびょうし》＝生（生みの苦しみ）・老・病・死の四苦《しく》のこと。

**真観**《しんかん》＝真実を見極《みきわ》める力。

**清浄観**《しょうじょうかん》＝清らかなものを分別《ぶんべつ》する力。

**智慧観**《ちえかん》＝智慧の力。

**悲観**《ひかん》＝憐《あわ》れんで苦を抜く力。

**慈観**《じかん》＝慈《いつく》しみ楽を与える力。

**慧日**《えにち》＝太陽のような智慧の光。

**甘露**《かんろ》**の法雨**《ほうう》＝甘露とは仏教の教えを譬《たと》えたもの。仏教の教えの雨という意味。

**梵音**《ぼんのん》＝大梵天王《だいぼんてんのう》の発する音。

**依怙**《えこ》＝拠《よ》り所《どころ》。

**福聚**《ふくじゅ》**の海**《うみ》＝幸せの海といった意味。

**持地菩薩**《じじぼさつ》＝地蔵菩薩《じぞうぼさつ》の異名といわれる。

**自在**《じざい》**の業**《ごう》＝自由自在の働き。

**普門示現**《ふもんじげん》＝どこにでも現れるという意味。

**阿耨多羅三藐三菩提**《あのくたらさんみゃくさんぼだい》＝梵語《ぼんご》のアヌッタラ・サンミャクサンボーディの音写。無《む》上正等覚《じょうしょうとうがく》と訳す。この上ないさとりという意味。

## 解説

宗派を超え、幅広く信仰された仏《ほとけ》・菩薩《ぼさつ》といえば、観音《かんのん》さまではないでしょうか。

『妙法蓮華経《みょうほうれんげきょう》』の二十五章の「観世音菩薩普門品《かんぜおんぼさつふもんぼん》」にその菩薩の世界、有り様が説かれていますが、多くの大乗《だいじょう》経典にも観音さまのことが登場します。

「普門品」はいわゆる『観音経《かんのんぎょう》』といわれますが、特にお経を読む場合のリズムのことも加わり、偈《げ》の部分が読まれることが多いようです。

このお経のキーワードは、「観世音《かんぜおん》」という言葉そのものにあります。

観世音とは私たち世間(世)の人々の願いや声(音)をよく聞いたり観《み》たり(観)してくださるという意味です。すなわち、私たちの悩み、苦しみをよく聞いて、救ってくださる菩薩というのが観世音菩薩ということなのです。

だから、時代を超え、場所を超え、非常によく信仰された菩薩でもあります。『般若心経《はんにゃしんぎょう》』も、観世音菩薩が冒頭《ぼうとう》にでてくるお経です。

『観音経』には、観世音菩薩が私たちの声を聞き、救ってくださるという表現が繰り返し繰り返し出てきます。

例えば刀で殺されそうになっても、観音の力を念ずるなら、賊《ぞく》は即座に慈《いつく》しみの心を起こすとか、手《て》枷《かせ》、足枷《あしかせ》をはめられても、観音の力を念ずるなら、それから解《と》き放たれるとか、あるいは恐ろしい獣《けもの》に取り囲まれても、観音の力を念ずるなら、獣は退散《たいさん》してしまうとかです。

観世音、その言葉の意味が示すように、私たちの願いをよく聞き、応《こた》え、お救いくださる菩薩です。

# 大悲心陀羅尼《だいひしんだらに》［大悲呪《だいひしゅ》］

臨済宗・曹洞宗

このお経は禅宗の寺院で葬儀・法事の折、読誦《どくじゅ》されるものです。ほとんど見なれない文字が多いのは、梵語《ぼんご》の呪文《じゅもん》をそのまま漢字に音写した陀羅尼《だらに》といわれるものであるからです。陀羅尼には不思議な力があるとされて、瞑想《めいそう》（坐禅《ざぜん》）の折、読誦すると心の落ち着きが得られるともいわれています。お経の訳は引田弘道氏の訳によりました。（並記したふりがなは、左が曹洞宗、右が臨済宗の読み方です。）

**原文**

南《な》無《む》喝《か》囉《ら》怛《たん》那《のう》。哆《と》囉《ら》夜《やー》耶《やー》。南《な》無《む》阿《お》唎《り》耶《やー》。婆《ぼ》盧《りょ》羯《き》《きー》帝《ちー》爍《し》盋《ふ》囉《ら》《らー》耶《やー》。菩《ふ》提《じ》薩《さ》哆《と》婆《ぼ》《ぼー》。耶《やー》。摩《も》訶《こ》薩《さ》哆《と》婆《ぼ》《ぼー》耶《やー》。摩《も》《もー》訶《こ》《こー》迦《きゃ》《きゃー》嚧《る》尼《に》迦《きゃ》《きゃー》耶《やー》。唵《えん》。薩《さー》皤《は》囉《ら》罰《は》《はー》曳《えー》数《しゅ》《しゅう》怛《た》《たん》那《のう》怛《とん》写《しゃ》《しゃー》。南《な》

**現代語訳**

（仏と法と僧との）三宝《さんぼう》*に帰依《きえ》いたします。聖なる観自在菩薩《かんじざいぼさつ》・大いなる士《し》・大悲心《だいひしん》ある尊者《そんじゃ》に帰依いたします。あらゆる恐怖《きょうふ》にあって（衆生《しゅじょう》を）救済される（尊者）にオーン*。

彼《か》の尊者に帰依をささげてから、私はこの聖なる観自在《かんじざい》（菩薩《ぼさつ》）の本性《ほんしょう》である、「青頸《しょうけい》*」と呼ば

無《む》悉《し》吉《き》嚟《りー》埵《と》伊《い》蒙《もー》。阿《お》唎《り》耶《やー》。婆《ぼ》盧《りょ》吉《きー》《き》帝《ちー》。室《し》仏《ふ》囉《らー》。楞《りん》《り》駄《とう》《と》婆《ぼー》。南《なー》《な》無《むー》《む》那《のー》《の》囉《らー》。謹《きん》《き》墀《じー》《じ》醯《きー》《き》唎《りー》。摩《もー》《も》訶《こー》《こ》皤《ほー》《ほ》哆《どー》。沙《しゃー》《しゃ》咩《みー》《み》薩《さー》《さ》婆《ぼー》。阿《おー》《お》他《とう》《と》豆《じょー》輸《しゅー》《しゅ》朋《べん》。阿《おー》《お》遊《しゅー》《しゅ》孕《いん》。薩《さー》《さ》婆《ぼー》《ぼ》薩《さー》《さ》哆《とー》。那《のー》《の》摩《もー》《も》婆《ぼー》《ぼ》伽《ぎゃー》。摩《もー》《も》罰《はー》《は》特《てー》《て》豆《ちょー》。怛《とー》《と》姪《じー》《じ》他《とー》。唵《えん》。阿《おー》《お》婆《ぼー》《ぼ》盧《りょー》《りょ》醯《きー》。盧《るー》《りょ》迦《ぎゃー》《ぎゃ》帝《ちー》。迦《きゃー》《きゃ》羅《らー》《ら》帝《ちー》。夷《いー》《い》醯《き》唎《り》摩《もー》《も》訶《こー》。菩《ふ》提《じ》薩《さー》《さ》埵《とー》。薩《さー》《さ》婆《ぼー》《ぼ》薩《さー》《さ》婆《ぼー》。摩《もー》《も》囉《らー》《ら》摩《もー》《も》囉《らー》。摩《もー》《も》醯《きー》《き》摩《もー》《も》醯《きー》。唎《りー》《り》駄《とー》《と》孕《いん》倶《くー》《く》盧《りょー》倶《くー》《く》盧《りょー》。羯《けー》《け》



れる*秘技《ひぎ》を唱えましょう。

(この秘技は)あらゆる目的を成就《じょうじゅ》させ、清浄《せいじょう》であり、(何ものからも)征服されることなく、あらゆる生類《しょうるい》の存在の道(=輪廻《りんね》する生死《しょうじ》の世界)を完全に浄化するものです。

すなわち、オーン。光り輝く(尊者)よ、輝ける知ある(尊者)よ、世間を超越せる(尊者)よ。おー、おー、*ハリ神《しん》よ。大菩薩《だいぼさつ》よ、憶念《おくねん》したまえ、憶念したまえ。

秘技の真言《しんごん》を唱えたまえ、唱えたまえ。行為を成就したまえ、成就したまえ。

原文

蒙《もー》《も》度《とー》《と》盧《りょー》度《とー》《と》盧《りょー》。罰《ほー》闍《じゃー》《じゃ》耶《やー》《や》帝《ちー》。摩《もー》《も》訶《こー》《こ》罰《ほー》《ほ》闍《じゃー》《じゃ》耶《やー》《や》帝《ちい》。陀《とー》《と》囉《らー》《ら》陀《とー》《と》囉《らー》。地《ち》唎《り》尼《にー》。室《し》仏《ふ》囉《らー》《ら》耶《やー》。遮《しゃー》《しゃ》囉《ろー》遮《しゃー》《しゃ》囉《ろー》。麽《もー》《も》麽《もー》《も》罰《はー》《は》摩《もー》《も》囉《らー》。穆《ほー》《ほ》帝《ちー》《ち》隷《りー》。伊《いー》《い》醯《きー》《き》伊《いー》《い》醯《きー》。室《しー》《し》那《のー》《の》室《しー》《し》那《のー》。阿《お》囉《ら》嘇《さん》仏《ふ》囉《ら》舍《しゃー》《しゃ》利《りー》。罰《はー》《は》沙《ざー》《ざ》罰《はー》《は》嘇《ざん》《ざー》。仏《ふ》囉《ら》舍《しゃー》《しゃ》耶《やー》。呼《くー》《く》盧《りょー》呼《くー》《く》盧《りょー》。摩《もー》《も》囉《らー》《ら》呼《くー》《く》盧《りょー》呼《くー》《く》盧《りょー》。醯《きー》《き》唎《りー》《り》婆《しゃー》《しゃ》囉《ろー》婆《しゃー》《しゃ》囉《ろー》。悉《しー》《し》唎《りー》《り》悉《しー》《し》唎《りー》。蘇《すー》《す》嚧《りょー》蘇《すー》《す》嚧《りょー》。菩《ふ》提《じ》夜《やー》。菩《ふ》提《じ》



現代語訳

先導者よ、先導者よ。勝利者よ、偉大なる勝利者よ。受持《じゅじ》したまえ、受持したまえ、*インドラ神《しん》という自在主《じざいしゅ》よ。(汚《けが》れを)ふるい落としたまえ、ふるい落としたまえ、汚《けが》れから離脱《りだつ》せる(尊《そん》者《じゃ》)よ、汚れなく解脱《げだつ》せる(尊者)よ。来たれ、来たれ、世界の自在主《じざいしゅ》よ。貪《むさぼ》りの毒を消滅したまえ。怒りの毒を消滅したまえ。愚痴《ぐち》の妄動《もうどう》の毒を消滅したまえ。

フル、フル、汚れよ。フルフル、汚れよ。フルフル、ハリ神《しん》よ。*パドマナーバ神《しん》よ。サラサ

夜《やー》。菩《ふ》馱《ど》夜《やー》菩《ふ》馱《ど》夜《やー》。弥《み》《みー》帝《ち》唎《り》夜《やー》。那《の》囉《ら》謹《きん》墀《じー》。地《ち》唎《り》瑟《しゅ》尼《に》那《のー》。婆《ほ》夜《や》摩《も》那《の》。娑《そ》婆《も》訶《こー》。悉《し》陀《ど》夜《やー》。娑《そ》婆《も》訶《こー》。摩《も》訶《こ》悉《し》陀《ど》夜《やー》。娑《そ》婆《も》訶《こー》。悉《し》陀《ど》喩《ゆ》《ゆー》芸《き》《きー》。室《し》皤《ふ》囉《ら》《らー》耶《やー》。娑《そ》婆《も》訶《こー》。那《の》囉《ら》謹《きん》墀《じー》。娑《そ》婆《も》訶《こー》。摩《も》《もー》囉《ら》《らー》那《の》《のー》囉《ら》《らー》娑《そ》婆《も》訶《こー》。悉《し》囉《ら》僧《すん》《すー》阿《お》穆《も》佉《ぎゃ》《ぎゃー》耶《やー》。娑《そ》婆《も》訶《こー》。娑《そ》婆《ぼ》摩《も》訶《こ》悉《し》陀《ど》夜《やー》。娑《そ》婆《も》訶《こー》。者《しゃ》吉《き》囉《らー》阿《お》悉《し》陀《ど》《どー》夜《やー》。娑《そ》婆《も》訶《こー》。波《ほ》哆《ど》摩《も》

---

ラ、シリシリ、スルスル。覚《さと》りたまえ、覚りたまえ。覚らせたまえ、覚らせたまえ。

慈悲《じひ》深い青頸《しょうけい》の（尊者）よ。（尊者は）渇望《かつぼう》の粉砕を喜ばれておられる、幸いあれ。成就《じょうじゅ》する（尊者）に幸いあれ。大いなる成就せる（尊者）に幸いあれ。禅定《ぜんじょう》の自在力《じざいりき》を成就せる（尊者）に幸いあれ。青頸（をした尊者）に幸いあれ。（左は）野猪《やちょ》の顔をし、（右は）獅子《しし》の顔をした（尊者）に幸いあれ。蓮華《れんげ》を手に持つ（尊者）に幸いあれ。円輪《えんりん》*（チャクラ）を持てる（尊者）に幸いあれ。ほら貝の音で（人々を）目覚めさせる（尊者）に幸いあれ。大きい杖《つえ》を携える

原文

羯《ぎゃ》悉《し》哆《ど》夜《やー》。娑《そ》婆《も》訶《こー》。那《の》羅《ら》謹《きん》墀《じー》皤《はー》伽《ぎゃ》羅《ら》耶《やー》。娑《そ》婆《も》訶《こー》。摩《もー》婆《ほ》利《りー》勝《しん》羯《ぎゃ》羅《ら》耶《やー》娑《そ》婆《も》訶《こー》。南《な》無《む》喝《か》囉《ら》怛《たん》那《のう》哆《と》囉《ら》耶《やー》夜《やー》。南《な》無《む》阿《お》利《り》耶《やー》。婆《ぼ》盧《りょ》吉《きー》帝《ちー》。爍《し》皤《ふ》囉《らー》夜《やー》。娑《そ》婆《も》訶《こー》。悉《し》殿《て》都《どー》漫《も》多《ど》囉《らー》。跋《ほ》陀《ど》耶《やー》。娑《そー》婆《もー》訶《こー》。



現代語訳

(尊者)に幸いあれ。右肩のあたりに黒い鹿皮《しかがわ》を羽《は》織《お》った(尊者)に幸いあれ。虎《とら》の皮を身にまとう(尊者)に幸いあれ。(仏《ぶっ》・法《ぽう》・僧《そう》)の三宝《さんぽう》に帰依《きえ》いたします。聖なる観《かん》自在《じざい》に帰依いたします、幸いあれ。(あらゆる願いは)成就せよ。マントラ(真言《しんごん》)の句《く》に幸いあれ。

**ことば**

**三宝《さんぽう》**=仏・法(教え)・僧の三つのこと。

**オーン**=神聖なる音(句)の一つで、呪《じゅ》の前後に唱えられる。

**青頸《しょうけい》**=青い頸《くび》を持ったものという意味で、孔雀《くじゃく》のこと。ここでは青頸観音《しょうけいかんのん》のこと。インドではシヴァ神の異名。

**秘技《ひぎ》**＝真言《しんごん》と同じ意味。

**ハリ神《しん》**＝ヴィシュヌ神の異名。

**インドラ神《しん》**＝古代インドの神で、仏教に入ってからは仏法守護の神となる。

**パドマナーバ神《しん》**＝ヴィシュヌ神の異名。

**円輪《えんりん》**＝ヴィシュヌ神の武器のこと。

## 解説

日本の仏教には浄土真宗を除いて、真言密教の影響が見られます。このため、真言《しんごん》、すなわち陀羅尼《だらに》が読まれることがたびたびです。

禅宗でも代表的なそれとして、「大悲心陀羅尼《だいひしんだらに》」がよく読まれます。

この陀羅尼は『千手千眼観世音菩薩広大円満無礙《せんじゅせんげんかんぜおんぼさつこうだいえんまんむげ》大悲心陀羅尼経《だいひしんだらにきょう》』から陀羅尼の部分を抜き出したもので、観世音《かんぜおん》の慈悲《じひ》と功徳《くどく》を説いたものです。

この陀羅尼の核心《かくしん》は、陀羅尼にこめられている意味にもあるかもしれませんが、むしろこの陀羅尼の持つ音《おん》にあるように思えるのです。いや、私の場合そうですし、多くの人々もそうであったように感ぜられるのです。

子どものころ、親戚《しんせき》の曹洞宗の寺に法事によばれ、「ナムカラタンノウトラヤーヤー」と始まると、また「ナムカラタンノウ」が始まったと思ったものです。と同時に、有り難いお経が始まったと思ったし、今も素朴《そぼく》に思っているのです。しかも、意味がわからないだけ、一層有り難いお経に思えてくるから、不思議なことです。

時々、冗談《じょうだん》気分で、「ナムカラタンノウトラヤーヤー」と唱えてみます。それでも、幸せな気分になってくるから、不思議です。

陀羅尼の持つ不思議さ、面白さでしょう。不思議いっぱいの陀羅尼なのです。

# 光明真言《こうみょうしんごん》

真言《しんごん》とは不思議な力を宿した秘密の言葉で、神呪《しんじゅ》などともいわれます。光明真言は真言宗で最も大切にされている真言で、『不空羂索毘盧遮那仏灌頂光真言《ふくうけんさくびるしゃなぶつかんじょうこうしんごん》』などに説かれています。毘盧遮那仏とは太陽の仏という意味で、大日如来《だいにちにょらい》とも訳されます。ですから、「光明真言」は大日如来の真言ともいうことができます。その功徳は計りしれず、二、三、あるいは七遍《へん》唱えると一切の罪障《ざいしょう》が消滅し、またこの真言で加持《かじ》した土砂を死者にかけると罪障が消滅し、成仏できるともいわれます。オームとは帰命《きみょう》の意味を、フームはすべてのものの究極を表しています。

原文

**オン**
**アボキャ**
**ベイロシャノウ**
**マカボダラ**
**マニ**

現代語訳

オーム、
不空《ふくう》なる者《もの》よ、
毘盧遮那《びるしゃな》よ、
大印《だいいん》をもつ者《もの》よ、
*摩尼《まに》と

**ハンドマ**
**ジンバラ**
**ハラバリタヤ**
**ウン**

蓮華《れんげ》よ、
光明《こうみょう》を
放《はな》て
フーム。

**ことば**

**摩尼**《まに》＝梵語《ぼんご》のマニの音写で、宝珠のこと。濁った水を清くし、災難を去らせる力があるといわれる。

**解説**

真言密教の中心の仏は「大日如来《だいにちにょらい》」です。宇宙そのものの仏です。その仏の秘密とする言葉（真言《しんごん》）ですから、他の諸仏・諸菩薩《しょぼさつ》とは比べものにならない、とてつもない大きな力と功徳《くどく》を持っていることは間違いありません。これが、この真言に対する密教の行者《ぎょうじゃ》の考えであると思うのです。

真言宗の教えの重要な一つは災《わざわ》いを除き、福を招く（除災招福《じょさいしょうふく》）ということです。では、どうしたらよいかということになります。分かりきったことですが、大日如来の真言を唱えることが一番だということです。

人の死に際し、安らかに成仏《じょうぶつ》していただくにはどうしたらよいかと考えたとき、やはり真言の中の真言の「光明真言《こうみょうしんごん》」を唱えることが一番ということです。

# 舎利礼文《しゃりらいもん》

**真言宗・天台宗・浄土宗など**

釈迦《しゃか》の舎利《しゃり》（遺骨）とそれを安置した舎利塔《しゃりとう》を供養《くよう》する文で、これを唱えることにより、仏と一つになり、成仏《じょうぶつ》できるとされています。真言宗の教えが簡単明瞭《めいりょう》に示されていますが、他の多くの宗派でも用いられています。特に火葬の折や埋骨の折に唱えられ、亡くなった方の舎利と仏の舎利が一つになり、救われますようにと念じられます。

**原文**

**一《いっ》心《しん》頂《ちょう》礼《らい》**
**万《まん》徳《とく》円《えん》満《まん》**
**釈《しゃー》迦《かー》如《にょー》来《らい》**
**真《しん》身《じん》舎《しゃー》利《り》**
**本《ほん》地《じー》法《ほっ》身《しん》**

**読み下し**

一心に頂礼《*ちょうらい》したてまつる。
万徳を円満したまえる
釈迦如来の
真身《*しんじん》の舎利《しゃり》を。
本地《*ほんじ》の法身《ほっしん》の

**現代語訳**

万の徳を円《まどか》に具《そな》えた釈迦如《しゃかにょ》来《らい》の生身《なまみ》のおん舎利《しゃり》を、また釈迦如来の本地《ほんじ》である法身仏《ほっしんぶつ》の世界を表す舎利塔を、一心に頭をたれ、礼拝《らいはい》します。

法《ほう》界《かい》塔《とう》婆《ばー》
我《がー》等《とう》礼《らい》敬《きょう》
為《いー》我《がー》現《げん》身《しん》
入《にゅう》我《がー》我《がー》入《にゅう》
仏《ぶっ》加《かー》持《じー》故《こー》
我《がー》証《しょう》菩《ぼー》提《だい》
以《いー》仏《ぶっ》神《じん》力《りき》
利《りー》益《やく》衆《しゅー》生《じょう》
発《ほっ》菩《ぼー》提《だい》心《しん》

*法界《ほっかい》の塔婆《とうば》を。
我等が礼敬したてまつれば、
(仏)我が為《ため》に身を現《げん》じ、
(仏)我に入《い》り、我(仏)入《い》りたもう。
仏の*加持《かじ》の故に、
我、*菩提《ぼだい》を証《しょう》し、
仏の神力《じんりき》を以《も》って
衆生《しゅじょう》を利益《りやく》せん。
菩提心《ぼだいしん》を発《おこ》し、

---

このように礼拝しますと、仏《ほとけ》は私たちのために姿を現し、私たちの身に入り、両者は一つになります。私たちは加持《かじ》の力により、菩提《ぼだい》を得て、神《じん》通力《ずうりき》により、生けるものを利《り》益《やく》します。

生けるものも菩提心を発《おこ》し、菩薩《ぼさつ》の行《ぎょう》を実践《じっせん》し、同じく円《まどか》

**原文**

修《しゅー》菩《ぼー》薩《さつ》行《ぎょう》
同《どう》入《にゅー》円《えん》寂《じゃく》
平《びょう》等《どう》大《だい》智《ちー》
今《こん》将《じょう》頂《ちょう》礼《らい》

**読み下し**

*菩薩行《ぼさつぎょう》を修し、
同じく*円寂《えんじゃく》に入らん。
平等の大智《だいち》に、
今将《まさ》に頂礼《ちょうらい》したてまつる。

**現代語訳**

な悟《さと》りの境地に入ります。このような平等の大智慧《だいちえ》であるおん舎利《しゃり》を、私たちは頭をたれ、礼拝《らいはい》します。

**ことば**

**頂礼**《ちょうらい》＝五体を地につけて仏などを礼拝《らいはい》すること。
**真身**《しんじん》**の舎利**《しゃり》＝生身《なまみ》の舎利。
**本地**《ほんじ》**の法身**《ほっしん》＝釈尊《しゃくそん》を仏ならしめている究極の仏の世界。
**法界**《ほっかい》**の塔婆**《とうば》＝ここでは究極の仏の世界を表す舎利塔《しゃりとう》のこと。
**加持**《かじ》＝仏の救済の働きが加わることを加《か》といい、その働きを行者《ぎょうじゃ》が感得することを持《じ》という。通常は仏・菩薩《ぼさつ》が衆生《しゅじょう》に働きかけ、護《まも》ることをいう。
**菩提**《ぼだい》＝梵語《ぼんご》のボーディの音写。悟《さと》りの智慧《ちえ》。
**菩薩行**《ぼさつぎょう》＝菩薩が実践《じっせん》する修行のこと。
**円寂**《えんじゃく》＝円《まど》かな悟り。涅槃《ねはん》のこと。

**解説**

このお経のキーワードは、「舎利《しゃり》」です。

仏教はお釈迦《しゃか》さまが荼毘《だび》に付されたごとく、火葬というものを大切にした宗教です。また、大乗《だいじょう》仏教といわれるものが興《おこ》ってくる一因に、仏の舎利（遺骨）への信仰があったともいわれています。

釈尊《しゃくそん》は弟子たちに「とらわれなく、執着《しゅうじゃく》せず、淡々《たんたん》と生きなさい」と教えました。だから、自分の死後、遺骨（舎利）に対しても、執着するなと説いたのです。ところが、釈尊の入滅《にゅうめつ》後、弟子たちは彼を荼毘に付し、舎利を八つに分け、ストゥーパ（塔《とう》）に安置し、礼《らい》拝《はい》の対象にしたのです。だから、神格化され、理想化された仏が出現する大乗仏教と釈尊の舎利とは深い関係があるのです。

「舎利礼文《しゃりらいもん》」は、仏の舎利を礼拝していけば、仏と一つになり、成仏《じょうぶつ》できるとしています。今でも舎利を供養《くよう》すると多大なご利益《りやく》があると信じられており、このようなお経があっても自然なことであります。釈尊の弟子たちの話の余韻《よいん》が残る、「舎利礼文」です。



### ❖コラム❖舎利

数年前、Tさんが亡くなられた。荼毘《だび》に付し、骨を拾うだんになったとき、こんな光景に出会った。

Tさんは体のがっちりした方であったので、たくさんの骨が残された。家族、親戚、友人たちが骨を拾い骨壺《こつつぼ》に入れても、まだ骨が残るという状態であった。

このため、火葬場の係の方が、先の尖《とが》った棒で骨壺の骨を砕《くだ》きながら、残りを壺に入れ始めたのである。

そのとき、それを見ていたTさんの末の娘さんが、「痛いからやめてください」と大声で叫んだのである。私はといえば、痛みをほとんど感じることもなかったのだった。あらためて娘さんのお父さんへの思慕《しぼ》の念を見た思いがした。

この時のことを思い起こすと、火葬や埋葬のとき、いっそう丁寧《ていねい》に「舎利礼文」を読まなくては、と思えてくるのである。

# 破地獄偈《はじごくげ》

華厳宗・天台宗など

この偈《げ》は、餓鬼《がき》に堕《お》ちた人を救い出す力を持った偈といわれます。それは地蔵菩薩《じぞうぼさつ》が死後の世界で、王という人にこの偈を授け、地獄《じごく》より救い出したという中国の故事に基づいています。

この偈は『華厳経《けごんぎょう》』（八十巻）の「夜摩宮中偈讃品《やまぐちゅうげさんぼん》」の中に見られる偈で、「唯心偈《ゆいしんげ》」といわれます。はたして、この偈にどうしてそのような力があるのかは地蔵菩薩のみ知るところですが、華厳宗や天台宗ではよく使われる偈であります。お盆の棚経《たなぎょう》（精霊棚《しょうりょうだな》の前で僧侶《そうりょ》がお経を読むこと）の折、読まれます。

**原文**

若《にゃく》人《にん》欲《よく》了《りょー》知《ち》
三《さん》世《ぜー》一《いっ》切《さい》仏《ぶー》
応《おー》観《かん》法《ほー》界《かい》性《しょー》
一《いっ》切《さい》唯《ゆい》心《しん》造《ぞー》

**読み下し**

若し人、*三世《さんぜ》の一切の仏を
了知せんと欲せば、
まさに*法界《ほっかい》の性《しょう》を観ずべし。
一切はただ心の造なり。

**現代語訳**

もし人が三世《さんぜ》の仏を知りたいと思うなら、法界《ほっかい》の本性《ほんしょう》を観《かん》ずべきである。一切の仏は心が造るものである。

**ことば**

**三世《さんぜ》**＝過去、現在、未来のこと。

**法界《ほっかい》の性《しょう》**＝宇宙の根本、本質といった意味。

**解説**

お盆の行事は私たち日本人にとって、重要な行事です。

その行事の根拠となっているのは『盂蘭盆経《うらぼんぎょう》』というお経です。

どのような話かといえば、餓鬼《がき》の世界に堕《お》ち、苦しんでいる母親を息子である仏弟子・目連《もくれん》が救いだすというものです。

では、どのようにしたら、母親を餓鬼道から救いだせるかということになります。

実はここに示した偈文《げぶん》を唱えることがその方法なのだということです。



**❖コラム❖餓鬼道**

お盆の行事は先祖の供養《くよう》くらいに考えている方も多いかと思うが、正確には、亡くなった父母の子供への愛情と、子供に父母への恩を知らせる行事なのである。

盂蘭盆《うらぼん》経《ぎょう》で目連《もくれん》の母がなぜ餓鬼道に堕《お》ちたかといえば、それは、すべてに等しく愛情をそそぐ仏の目からすれば、「わが子、わが子」という愛情が、慳貪《けんどん》(物惜しみ)にあたったからである。その結果、ものの得られない餓鬼道に堕ちたわけである。

しかし、親の「わが子、わが子」の愛情があったからこそ、私たち子供は健康で、立派に育ちもしたわけである。母の苦しむ姿により、お経は親の子供への愛情、あるいは親の恩を感動的に教えていると思うのである。

# 一枚起請文《いちまいきしょうもん》

浄土宗

浄土宗で葬儀や法事などの折、読まれる文。法然が亡くなる二日前、弟子の源智《げんち》の願いによって、自らの信仰の要点を記したもの。ただひたすらに南無阿弥陀仏《なむあみだぶつ》と称《とな》えることが救われる道だと説かれ、浄土宗の教えの中核になっているものです。阿弥陀仏と釈尊《しゃくそん》の前で、自らの信仰にうそ偽《いつわ》りのないことを誓《ちか》い、それを一枚に書き記したことより、「一枚起請文」といわれます。

原文

**唐土《もろこし》我朝《わがちょう》に、もろもろの智者達《ちしゃたち》の沙汰《さた》し申《もう》さるる、観念《かんねん》の念《ねん》にもあらず。又学問《またがくもん》をして念《ねん》のこころを悟《さと》りて申《もう》す念仏《ねんぶつ》にもあらず。ただ往生極楽《おうじょうごくらく》のためには、南無阿弥陀仏《なむあみだぶつ》と申《もう》して、**

現代語訳

唐やわが国の多くの智者《ちしゃ》たちが論じている観念《かんねん》の念仏《ねんぶつ》でもなく、また学問して念仏の意味を悟《さと》って称《とな》える念仏でもありません。ただ、極楽《ごくらく》に往生《*おうじょう》するには南無阿弥陀仏《なむあみだぶつ》と称えれば、疑いもなく往生するのだと思い称える外には、別の子細《しさい》はない

疑《うたが》ひなく往生《おうじょう》するぞと思《おも》ひ取《と》りて申《もう》す外《ほか》にはは別《べつ》の仔細《しさい》候《そうら》はず。但《ただ》し三心四修《さんじんししゅ》と申《もう》すことの候《そうろう》は、皆決定《みなけつじょう》して南無阿弥陀仏《なむあみだぶつ》にて往生《おうじょう》するぞと、思《おも》ふうちにこもり候《そうろう》なり。この外《ほか》に奥《おく》ふかき事《こと》を存《ぞん》ぜば、二尊《にそん》のあはれみにはづれ、本願《ほんがん》にもれ候《そうろう》べし。念仏《ねんぶつ》を信《しん》ぜん人《ひと》は、たとひ一代《いちだい》の法《ほう》をよくよく学《がく》すとも、一文不知《いちもんふち》の愚鈍《ぐどん》の身《み》になして、尼入道《あまにゅうどう》の無智《むち》のともがらに同《おな》うして、智者《ちしゃ》のふるまひをせ



のです。

ただし、至誠心《*まごころ》・深心《*ふかくしんずるこころ》・廻向発願心《*おうじょうをねがうこころ》といった三心《さんじん》、長時修《*いのちのつきるまで》・恭敬修《*うやうやしく》・無間修《*やすみなく》・無余修《*もっぱら》といった四修《ししゅ》などは、南無阿弥陀仏を称えれば往生するのだと思う中に含まれているのです。もしこの外に深い意味を考えようとするなら、釈迦《しゃか》・弥陀《みだ》の二《に》尊《そん》の御あわれみにはずれ、本願《ほんがん》の救いからもれることにもなります。

念仏を信ずる人は、釈尊《しゃくそん》一代の法をよく学んだとしても、一文不知《*いちもんふち》の愚鈍《ぐどん》の身に徹し、尼《あま》や入道《にゅうどう》の無知のともがらと同じようになり、智者のよう

**原文**

ずして、ただ一向《いっこう》に念仏《ねんぶつ》すべし。

為証以両手印《しょうのためにりょうしゅいんをもってす》。

浄土宗《じょうどしゅう》の安心起行《あんじんきぎょう》この一紙《いっし》に至極《しごく》せり。源空《げん》が所存《しょぞん》、この外《ほか》に全《まった》く別義《べつぎ》を存《ぞん》せず、滅後《めつご》の邪義《じゃぎ》をふせがんがために、所存《しょぞん》を記《しる》し畢《おわんぬ》。

建暦二年正月二十三日《けんりゃくにねんしょうがつにじゅうさんにち》

大師在御判《だいしざいごはん》

**現代語訳**

な振《ふ》る舞《ま》いをせずただ一向《ひたすら》に念仏しなさい。

以上のことを証明するために、両手の掌《たなごころ》の印を押します。

浄土宗の信心と行《ぎょう》のあり方はこの一枚の紙に極《きわ》まります。私、源空《げんくう》の考えはこの外にありません。私の＊滅後《めつご》の邪義《じゃぎ》を防ぐために、考えをしるしておきます。

建暦二年正月二十三日

源空花押《げんくうかおう》

**ことば**

**往生**《おうじょう》＝娑婆《しゃば》を離れ、極楽《ごくらく》などに往《ゆ》き生まれること。

**至誠心**《まごころ》＝真実に浄土《じょうど》を願う心。

**深心**《ふかくしんずるこころ》＝深く浄土を思う心。

**廻向発願心**《おうじょうをねがうこころ》＝修めた功徳《くどく》を廻《めぐ》らせ、往生《おうじょう》を願う心。

**長時修**《いのちのつきるまで》＝臨終《りんじゅう》に至るまで、恭敬修・無間修・無余修を修すること。
**恭敬修**《うやうやしく》＝敬いの心をもって、念仏《ねんぶつ》の生活をすること。
**無間修**《やすみなく》＝休むことなく念仏すること。
**無余修**《もっぱら》＝他の行《ぎょう》をおこなわず、念仏だけを称《とな》えること。
**一文不知**《いちもんふち》＝お経の一文も理解できないという意味。
**滅後《めつご》の邪義《じゃぎ》**＝死後の誤った考え・教え。

**解説**

鎌倉仏教の祖師《そし》たちは和文を用い、多くの人々に仏教の教えを理解してもらおうとしたところがあります。だから、多くの人の心の拠《よ》り所《どころ》にもなれたわけです。浄土宗を開いた法然《ほうねん》も多くの和文を残しています。「一枚起請文《いちまいきしょうもん》」もその一つです。

この「一枚起請文」とは、どうしたら救われ、極楽《ごくらく》に往生《おうじょう》できるかを分かり易く示したものです。その結果、当時、法然の教えは爆発的な力をもって、人々に受け入れられたわけです。

「一枚起請文」の心を解《と》くキーワードは「往生極楽」(極楽に往生すること)と「称名《しょうみょう》」だと思います。浄土宗の教えの根幹《こんかん》は、西方《さいほう》の極楽浄土《じょうど》に往生するということです。それが結局、救いでもあるのです。そのためには、どのようにしたらよいか、どのような修行をしたらよいのかというのが、その信仰を持つ人(念《ねん》仏者《ぶっしゃ》)のテーマでありました。

阿弥陀仏の姿や浄土を観想《かんそう》するという方法を説く人もいました。親鸞《しんらん》のように信心を強調する人もいたのです。法然の場合は、口に南無阿弥陀仏《なむあみだぶつ》を称えること(称名)こそが往生極楽の道だと説いたわけです。誰にもできるこの修行法は、末法《まっぽう》・五濁悪世《ごじょくあくせ》にぴったりの教えでした。

## 和讃《わさん》　浄土真宗

この「和讃」は浄土真宗で『正信念仏偈《しょうしんねんぶつげ》』に続けて、念仏をはさんで読誦《どくじゅ》されるものです。ここでの和讃は親鸞《しんらん》によるもので、真宗の信仰の世界をわかりやすく、おぼえやすく詠《よ》んだものです。この六首は親鸞の『三帖和讃《さんじょうわさん》』（浄土、高僧、正像末《しょうぞうまつ》の三つの和讃）の最初の六首で、よく親しまれています。この和讃の後に、「願以此功徳《がんにしくどく》　平等施一切《びょうどうせいっさい》　同発菩提心《どうほつぼだいしん》　往生安楽国《おうじょうあんらっこく》」（願《ねが》わくは此《こ》の功徳《くどく》を以《もっ》て、平等一切《びょうどういっさい》に施《ほどこ》し、同《おな》じく菩提心《ぼだいしん》を発《おこ》して、安楽国《あんらっこく》に往生《おうじょう》せん）《如来《にょらい》からこの身に与えられた功徳をすべてにひとしく施し、ともに菩提心を発し、安楽国に往生しよう》という回向《えこう》の文が加えられます。

**原文**

**弥陀成仏《みだじょうぶつ》のこのかたは**
**いまに十劫《じっこう》をへたまへり**
**法身《ほっしん》の光輪《こうりん》きはもなく**
**世《せ》の盲冥《もうみょう》をてらすなり**

**現代語訳**

阿弥陀如来《あみだにょらい》が仏の悟《さと》りを開かれてから、
すでに十劫《じっこう》という長い年月がたちました。
仏身《ぶっしん》の光明《こうみょう》のいたらぬところはなく、
真実を見ることのできない盲闇《もうあん》のわたしたちを常に照らしたもうています。

智慧《ちえ》の光明《こうみょう》はかりなし
有量《うりょう》の諸相《しょそう》ことごとく
光暁《こうきょう》かふらぬものはなし
真実明《しんじつみょう》に帰命《きみょう》せよ

解脱《げだつ》の光輪《こうりん》きはもなし
光触《こうそく》かふるものはみな
有無《うむ》をはなるとのべたまふ
平等覚《びょうどうかく》に帰命《きみょう》せよ

光雲無碍如虚空《こううんむげにょこくう》
一切《いっさい》の有碍《うげ》にさはりなし



阿弥陀如来《あみだにょらい》の智慧《ちえ》の光明《こうみょう》はその量において限りがなく、
限りのあるこの世界に住むわたしたちすべて、如来の光明をこうむらないものはありません。
真実の明知《めいち》の如来に*帰命《きみょう》しなさい。

阿弥陀如来の悟《さと》りの光明の及ばないところはありません。
この光明に触れるものは皆、有無《うむ》の辺見《へんけん》を離れることができると説かれています。
平等の理を悟った如来に帰命しなさい。

阿弥陀如来の光雲《こううん》は虚空《こくう》を行くようにさわりがなく、
一切の煩悩《ぼんのう》のさわりあるものを照らしつくしています。

原文

光沢《こうたく》かふらぬものぞなき
難思議《なんじぎ》を帰命《きみょう》せよ

清浄光明《しょうじょうこうみょう》ならびなし
遇斯光《ぐしこう》のゆへなれば
一切《いっさい》の業繋《ごつけ》ものぞこりぬ
畢竟依《ひっきょうえ》を帰命《きみょう》せよ

仏光照曜最第一《ぶっこうしょうようさいだいいち》
光炎王仏《こうえんのうぶつ》となづけたり
三塗《さんず》の黒闇《こくあん》ひらくなり
大応供《だいおうぐ》を帰命《きみょう》せよ



現代語訳

光明の恵みをいただかないものはありません。
思いや言葉の及ばない如来に帰命しなさい。

阿弥陀如来の光明は清浄《せいじょう》にして他に類《るい》をみません。
如来《にょらい》の光明に出会えば、本願《ほんがん》を信ずる身になりますから、
煩悩《ぼんのう》のけがれが除かれてしまいます。
究極のよりどころの如来に帰命しなさい。

阿弥陀如来の光明の輝きは諸仏中、第一位です。
そのため如来は*光炎王仏《こうえんおうぶつ》といわれています。
如来は三悪道《さんあくどう》に苦しむものを迷いの闇《やみ》からお救いくだされます。
供養《くよう》に値《あたい》する如来に帰命しなさい。

## ことば

**帰命《きみょう》**＝仏や教えに帰順《きじゅん》すること。

**光炎王仏《こうえんおうぶつ》**＝阿弥陀仏《あみだぶつ》の別名。光明《こうみょう》の輝きがとくに勝《すぐ》れているところから、このようにいわれる。

**解説**

阿弥陀仏《あみだぶつ》の「阿弥陀《あみだ》」とはサンスクリット語で、アミターバ、アミターユスで、無量光《むりょうこう》(仏)、無量寿《むりょうじゅ》(仏)という意味です。『無量寿経』の中に、阿弥陀仏の光明《こうみょう》の働き、徳について、十二の方面より名がつけられています。それらは無量光仏《むりょうこうぶつ》、無辺光仏《むへんこうぶつ》、無礙光《むげこう》仏《ぶつ》、無対光仏《むたいこうぶつ》、炎王光仏《えんのうこうぶつ》、清浄光仏《しょうじょうこうぶつ》、歓喜光仏《かんぎこうぶつ》、智《ち》慧光仏《えこうぶつ》、不断光仏《ふだんこうぶつ》、難思光仏《なんじこうぶつ》、無称光仏《むしょうこうぶつ》、超日月光《ちょうにちがっこう》仏《ぶつ》です。この和讃《わさん》は、阿弥陀仏のそういった光明の働き、徳を讃美《さんび》したものなのです。

鎌倉仏教の祖師《そし》たちは和文で自らの宗教的境地を表現し、人々の心の拠《よ》り所《どころ》となってきました。特に親鸞《しんらん》の場合には、和讃という表現方法で宗教的境地を表現しているものがたくさんあります。

例えば自らを見つめたものとして、

浄土真宗に帰すれども
真実の心はありがたし
虚仮不実《こけふじつ》のわが身にて
浄《じょう》浄《じょう》の心もさらになし

また、信心にふれたものとして、

信心よろこぶそのひとを
如来《にょらい》とひとしとときたまふ
大信心は仏性《ぶっしょう》なり
仏性すなはち如来《にょらい》なり

といったものをあげることができます。

## 御文章《ごぶんしょう》[御文《おふみ》]——白骨《はっこつ》の章《しょう》

本願寺第八世法主《ほっしゅ》、蓮如《れんにょ》が門徒《もんと》に書き与えた信仰に関する手紙を、本願寺派では御文章《ごぶんしょう》、大谷派では御文《おふみ》といいますが、白骨《はっこつ》の章はその一つです。死を通し、世の無常を知り、念仏の信仰の大切さに導かれるのです。通夜の折などによく聞きます。

**原文**

夫《それ》、人間《にんげん》の浮生《ふしょう》なる相《そう》をつらつら観《かん》ずるに、おほよそはかなきものは、この世《よ》の始中終《しちゅうじゅう》まぼろしのごとくなる一期《いちご》なり。さればいまだ万歳《まんざい》の人身《にんじん》をうけたりといふ事《こと》をきかず、一生《いっしょう》すぎやすし。いまにいたりてたれか百年《ひゃくねん》の形体《ぎょうたい》をたもつべきや。我《われ》やさき人《ひと》やさき、けふともしらず、あすともしらず、おくれさきだつ人《ひと》はもとのしづく、すゑの露《つゆ》よりもしげしといへり。

**現代語訳**

さて、人間という浮き草のような寄《よ》る辺《べ》のない有り様をとくと観察してみますと、およそ儚《はかな》いものは、この世に生まれ死ぬまでの夢まぼろしのような一生です。だから、人が一万歳《いちまんさい》の寿命《じゅみょう》を受けたということを聞きませんし、一生もたちまちに過ぎ去ってしまうものです。今日、だれが百歳の姿形をたもつことができましょうか。

わたしが先になるか、他の人が先になるか、また今日命が終わるか、明日終わるか誰にもわかり

されば朝《あした》には紅顔《こうがん》ありて夕《ゆうべ》には白骨《はっこつ》となれる身《み》なり。すでに無常《むじょう》の風《かぜ》きたりぬれば、すなはちふたつのまなこたちまちにとぢ、ひとつのいきながくたえぬれば、紅顔《こうがん》むなしく変《へん》じて桃李《とうり》のよそほひをうしなひぬるときは、六親眷属《ろくしんけんぞく》あつまりてなげきかなしめども、更《さら》にその甲斐《かい》あるべからず。さてしもあるべき事《こと》ならねばとて、野外《やがい》におくりて、夜半《よわ》のけふりとなしはてぬれば、ただ白骨《はっこつ》のみぞのこれり。あはれといふもなかなかおろかなり。されば人間《にんげん》のはかなきことは老少不定《ろうしょうふじょう》のさかひなれば、たれの人《ひと》もはやく後生《ごしょう》の一大事《いちだいじ》を心《こころ》にかけて、阿弥陀仏《あみだぶつ》をふかくたのみまゐらせて、念仏《ねんぶつ》まうすべきものなり。あなかしこあなかしこ。

ません。先立つ人、遅れて死ぬ人、その前後を予測できるものもありません。

　ですから、朝に美しい紅《くれない》の顔をしていても、夕べには白骨《はっこつ》になる身です。無常の風に吹かれるなら、二つの眼《まなこ》はたちまちに閉じ、呼吸も絶えてしまいます。美しい紅の顔も変わりはて、桃李《とうり》のような愛らしい姿形も失われてしまいます。

　その時、親族が集まって、嘆《なげ》き悲しんでも、もはやどうしようもありません。そうしてはいられませんから、野に送って、夜中に*茶毘《だび》に付します。そこには白骨しか残りません。哀《あわ》れという言葉では、言い尽くせません。

　老人が先に死に、若者が後で死ぬという定めすらない儚《はかな》い人生ですから、早く浄土往生《じょうどおうじょう》の一大事に心を掛け、阿弥陀仏《あみだぶつ》を深く信じて、念仏《ねんぶつ》を申すべきです。あなかしこ、あなかしこ。

**ことば**

**荼毘**《だび》＝パーリ語のジャーペータの音写で、燃焼という意味。火葬にすること。

**解説**

さびさびとしていた本願寺を今のような大教団にしたのは、何といっても、本願寺第八世法王《ほっしゅ》、蓮如《れんにょ》の力によるところが大です。彼は地方からやってきた門徒《もんと》にたいして、寒いときには酒を暖かくしてもてなし、寒さを忘れさせたとか、逆に暑いときには酒を冷やして出したとか、さまざまな工夫努力をしたと伝えられています。

また、御文《おふみ》といわれる信仰の手紙を門徒たちに送り、人々を教え導いたことはよく知られています。真偽《しんぎ》未決のものを除き二百二十一通が伝えられています。

「白骨《はっこつ》の章《しょう》」といわれるこの御文章《ごぶんしょう》（御文《おふみ》）の心を解《と》くキーワードは「無常《むじょう》」でしょう。仏教の教えの基本の三つ（三法印《さんぼういん》）は、諸行無常《しょぎょうむじょう》（すべてのものは変化する）・諸法無我《しょほうむが》（すべてのものにはこれだという固定的自性《じしょう》はない）・涅槃寂静《ねはんじゃくじょう》（悟《さと》りの世界は心静かな自由な世界である）です。その第一が無常であり、いかにそれが仏教の教えの中で、重要視されているかが分かります。

蓮如もまず、「朝《あした》には紅顔《こうがん》ありて夕《ゆうべ》には白骨《はっこつ》となれる身なり」と述べ、人の世の無常をうったえています。

仏教の教えは次に、そうであるなら、どのようにしたらよいかとつづきます。

釈尊《しゃくそん》も、法然《ほうねん》も、道元《どうげん》も、皆そうです。蓮如の場合は、だから永遠の命を持つ阿弥陀仏《あみだぶつ》のお救いをいただこう、となるのです。

# 修証義《しゅしょうぎ》

曹洞宗

曹洞宗が明治二十三年に『曹洞教会修証義《そうとうきょうかいしゅしょうぎ》』と題し、曹洞宗の教えをわかりやすく示したもので、五章より成っています。内容は道元の『正法眼蔵《しょうぼうげんぞう》』の曹洞宗の教えを取り出したもので、成仏得道への道、宗教上の安心の道が説かれています。通夜、葬儀、法事のみならず施餓鬼会《せがきえ》などでも読まれます。「生を明らめ死を明らむるは仏家一大事の因縁なり」の冒頭の言葉で親しまれています。

原文

**第一章《だいいっしょう》　総序《そうじょ》**

**生《しょう》を明《あき》らめ死《し》を明《あき》らむるは仏家《ぶっけ》一大事《いちだいじ》の因縁《いんねん》なり、生死《しょうじ》の中《なか》に仏《ほとけ》あれば生死《しょうじ》なし、但生《ただしょう》死即《じすなわ》ち涅槃《ねはん》と心得《こころえ》て、生死《しょうじ》として厭《いと》うべきもなく、涅槃《ねはん》として欣《ねご》うべきもなし、是時初《このときはじ》めて生死《しょうじ》を離《はな》るる分《ぶん》あり、唯一大事因縁《ただいちだいじいんねん》と究《ぐう》**



現代語訳

第一章　はじめに

生について見究《みきわ》め、死について見究めることは、仏教を信ずる者にとって、いちばん大事なことである。生死《せいし》の中に仏を見ることができれば、生死はなくなってしまう。生死を仏の命と心得るなら、生死は厭《いと》うべきものではなく、別のところにさとりとか仏の命とかを求める必要もない。このようになれた時、生死《せいし》の世界、迷いの世界を離れたと

原文

尽《じん》すべし。人身《にんしん》得《う》ること難《かた》し、仏法《ぶっぽう》値《お》うこと希《ま》れなり、今我等《いまわれら》宿善《しゅくぜん》の助《たす》くるに依《よ》りて、已《すで》に受《う》け難《がた》き人身《にんしん》を受《う》けたるのみに非《あら》ず、遇《あ》い難《がた》き仏法《ぶっぽう》に値《あ》い奉《たてまつ》れり、生死《しょうじ》の中《なか》の善生《ぜんしょう》、最勝《さいしょう》の生《しょう》なるべし、最勝《さいしょう》の善身《ぜんしん》を徒《いたず》らにして露命《ろめい》を無常《むじょう》の風《かぜ》に任《まか》すること勿《なか》れ。無常《むじょう》憑《たの》み難《がた》し、知《し》らず露命《ろめい》いかなる道《みち》の草《くさ》にか落《お》ちん、身已《みすで》に私《わたくし》に非《あら》ず、命《いのち》は光陰《こういん》に移《うつ》されて暫《しばら》くも停《とど》め難《がた》し、紅顔《こうがん》いずくへか去《さ》りにし、尋《たず》ねんとするに蹤跡《しょうせき》なし。熟《つらつら》観《かん》ずる所《ところ》に往事《おうじ》の再《ふたた》び逢《お》うべからざる多《おお》し、無常《むじょう》忽《たちま》ち



現代語訳

いうことである。生死の問題こそ、いちばん大事のことと考え、見究《みきわ》めるべきである。

仏法《ぶっぽう》に出会うことは希《まれ》である。今、わたしは過《か》去《こ》世《ぜ》の*善根功徳《ぜんごんくどく》により、受け難き人の身を受けたのみならず、仏法にも会うことができた。これは生死の世界にあって、恵まれたことであり、最勝《さいしょう》のことである。最勝のこの身をむだにすることなく、はかない命をただ無常《むじょう》の風にまかせてはならない。

この世は無常で、はかない命がどこの道草《みちくさ》に落ちるかもしれない。自分と思っているものも自分ではない。命も時の経過に流され、それを止めることはできない。若く、美しい顔もいつの間にか色あせ、尋《たず》ねてもあとかたもない。よく考えてみても、過ぎ去ったことに再びあうことはない。無

に到《いた》るときは国王大臣親暱《こくおうだいじんしんじつ》従僕妻子珍宝《じゅうぼくさいしちんぽう》たすくる無《な》し、唯独《ただひと》り黄泉《こうせん》に趣《おもむ》くのみなり、己《おの》れに随《したが》い行《ゆ》くは只是《ただこ》れ善悪業等《ぜんあくごっとう》のみなり。今《いま》の世《よ》に因果《いんが》を知《し》らず業報《ごっぽう》を明《あき》らめず、三世《さんぜ》を知《し》らず、善悪《ぜんあく》を弁《わき》まえざる邪見《じゃけん》の党侶《ともがら》には群《ぐん》すべからず、大凡因果《おおよそいんが》の道理歴然《どうりれきねん》として私《わたくし》なし、造悪《ぞうあく》の者《もの》は堕《お》ち修善《しゅぜん》の者《もの》は陞《のぼ》る、毫釐《ごうり》も忒《たが》わざるなり、若《も》し因果亡《いんがぼう》じて虚《むな》しからんが如《ごと》きは、諸仏《しょぶつ》の出世《しゅっせ》あるべからず、祖師《そし》の西《せい》来《らい》あるべからず。善悪《ぜんあく》の報《ほう》に三時《さんじ》あり、一者《ひとつには》順現報受《じゅんげんほうじゅ》、二者順次生受《ふたつにはじゅんじしょうじゅ》、三者順後次受《みつにはじゅんごじじゅ》、

常の風がひとたびやってくると、国王も大臣も親《しん》戚《せき》友人も従者《じゅうしゃ》も妻子も宝もすべて助けにならず、どうすることもできない。ただ、独《ひと》り死の世界に行くだけである。ただ、自分の善悪《ぜんあく》の行為のみがその人について行くだけである。

　因果《いんが》、*業報《ごっぽう》、*三世《さんぜ》、善悪といった事柄を知らず、わきまえていない誤った考え方を持つ者とは、一緒になってはいけない。因果の道理は歴然《れきぜん》とし、私の入る余地はない。悪をなした者は堕《お》ち、善をなした者は上る。このことは少しも真実にたがわない。もし万一因果の道理が行われないなら、諸仏がこの世に現れることはなかったし、*祖師《そし》が西から来ることもなかった。

　善悪《ぜんあく》の報《むく》いは三種あって、*三時《さんじ》という。一つは現世《げんせ》の報いを現世で受ける順現報受《じゅんげんほうじゅ》、二つは現世

原文

これを三時《さんじ》という、仏祖《ぶっそ》の道《どう》を修習《しゅじゅう》するには、其最初《そのさいしょ》より斯三時《このさんじ》の業報《ごっぽう》の理《り》を効《なら》い験《あき》らむるなり。爾《しか》あらざれば多《おお》く錯《あやま》りて邪見《じゃけん》に堕《お》つるなり、但邪見《ただじゃけん》に堕《お》つるのみに非《あら》ず、悪道《あくどう》に堕《お》ちて長時《ちょうじ》の苦《く》を受《う》く。当《まさ》に知《し》るべし今生《こんじょう》の我身《わがみ》二《ふた》つ無《な》し、三《み》つ無《な》し、徒《いたず》らに邪見《じゃけん》に堕《お》ちて虚《むなし》く悪業《あくごう》を感得《かんとく》せん、惜《おし》からざらめや、悪《あく》を造《つく》りながら悪《あく》に非《あら》ずと思《おも》い、悪《あく》の報《ほう》あるべからずと邪思惟《じゃしゆい》するに依《よ》りて悪《あく》の報《ほう》を感得《かんとく》せざるには非《あら》ず。

## 第二章《だいにしょう》　懺悔滅罪《さんげめつざい》



現代語訳

の報いを次の生で受ける順次生受《じゅんじしょうじゅ》、三つは現世の報いを後々に受ける順後次受《じゅんごじじゅ》である。仏祖《ぶっそ》の道を修行しようとする者は最初からこの三時の報いの道理を習い、納得するべきである。そうでないと、多く誤って、間違った見方である邪見《じゃけん》に堕《お》ちてしまう。邪見に堕ちるだけではなく、*地獄《じごく》、*餓鬼《がき》、*畜生《ちくしょう》といった悪道《あくどう》に堕ちて、長い間苦しみを受けることになる。

知るべきである。今生《こんじょう》のわたしの身は二つあるわけでも、また三つあるわけでもない。だから、いたずらに邪見《じゃけん》に堕《お》ちて、むなしく悪業《あくごう》を定めとして受けることは勿体《もったい》ない。悪を造りながら、悪でないと思い、また悪の報《むく》いはないという誤った考えにより、悪の報いを受けないということはない。

仏祖《ぶっそ》憐《あわれ》みの余《あま》り広大《こうだい》の慈門《じもん》を開《ひら》き置《お》けり、是《こ》れ一切衆生《いっさいしゅじょう》を証入《しょうにゅう》せしめんが為《ため》なり、人天《にんでん》誰《たれ》か入《い》らざらん、彼《か》の三時《さんじ》の悪業報《あくごっぽう》必《かなら》ず感《かん》ずべしと雖《いえど》も、懺悔《さんげ》するが如《ごと》きは重《おも》きを転《てん》じて軽受《きょうじゅ》せしむ、又滅罪清浄《まためつざいしょうじょう》ならしむるなり。

然《しか》あれば誠心《じょうしん》を専《もっぱ》らにして前仏《ぜんぶつ》に懺悔《さんげ》すべし、恁麼《いんも》するとき前仏懺悔《ぜんぶつさんげ》の功徳力《くどくりき》我《われ》を拯《すく》いて清浄《しょうじょう》ならしむ、此功徳《このくどく》能《よ》く無礙《むげ》の浄信精進《じょうしんしょうじん》を生長《しょうちょう》せしむるなり。浄信一現《じょうしんいちげん》するとき、自佗《じた》同《おなじ》く転《てん》ぜらるるなり、其利益《そのりやく》普《あま》ねく情《じょう》非情《ひじょう》に蒙《こう》ぶらしむ。其大旨《そのだいし》は、願《ねが》わくは我《わ》れ

第二章　罪を懺悔《さんげ》する章

仏祖《ぶっそ》は人々をあわれみ、大きく広い慈《いつく》しみの門をお開きになった。これは人々をさとりの世界に導くためである。人天《にんでん》のそこに入らないものがあろうか。かの三時《さんじ》の悪業《あくごう》の報《むく》いを必ず感ずるといえども、懺悔《さんげ》をすれば、重いものは転じて軽くなり、また罪も滅し清浄《せいじょう》になる。

そうして、誠心でもっぱら仏前で懺悔《さんげ》しなさい。かくのごとくの仏前での懺悔の功徳《くどく》はわたしたちを救い、清浄にする。また、この功徳はよくさわりがなく、まじりけのない信心と精進《しょうじん》をもたらす。まじりけのない信心が一度現れると、自分のみならず他にも転じ、その利益《りやく》は普《あまね》く有情《うじょう》も非情《ひじょう》もいただくのである。

大きな趣旨はつぎのようなものである。過去の

原文

設《たと》い過去《かこ》の悪業《あくごう》多《おお》く重《かさ》なりて障道《しょうどう》の因縁《いんねん》ありとも、仏道《ぶつどう》に因《よ》りて得道《とくどう》せりし諸仏諸祖《しょぶつしょそ》我《わ》れを愍《あわれ》みて業累《ごうるい》を解脱《げだつ》せしめ、学道障《がくどうさわ》り無《な》からしめ、其功徳法門《そのくどくほうもん》普《あま》ねく無尽法界《むじんほっかい》に充満弥綸《じゅうまんみりん》せらん、哀《あわれ》みを我《われ》に分布《ぶんぷ》すべし、仏祖《ぶっそ》の往昔《おうしゃく》は吾等《われら》なり、吾等《われら》が当来《とうらい》は仏祖《ぶっそ》ならん。我昔《がしゃく》所造諸悪業《しょぞうしょあくごう》、皆由無始貪瞋癡《かいゆうむしとんじんち》、従身口意之所生《じゅうしんくいししょしょう》、一切我今皆懺悔《いっさいがこんかいさんげ》、是《かく》の如《ごと》く懺悔《さんげ》すれば必《かなら》ず仏祖《ぶっそ》の冥助《みょうじょ》あるなり、心念身儀発露白仏《しんねんしんぎほつろびゃくぶつ》すべし、発露《ほつろ》の力《ちから》罪根《ざいこん》をして銷殞《しょういん》せしむるなり。

現代語訳

悪業《あくごう》が多く重なり、さわりとなる因縁《いんねん》があろうとも、仏道により得道《とくどう》なされた諸仏諸祖《しょぶつしょそ》のあわれみにより、業《ごう》のさわりより解放され、学道にさわりがないようにしてくださる。その功徳《くどく》の法門《ほうもん》は世界に広がり満ちるであろう。どうぞ、わたしにもあわれみをお与えください。仏祖《ぶっそ》も昔は普通の人であり、わたしたちは次の仏祖である。「我昔《がしゃく》所造《しょぞう》諸悪業《しょあくごう》、皆由無始貪瞋癡《かいゆうむしとんじんち》、従身口意之所生《じゅうしんくいししょしょう》、一切《いっさい》我今皆懺悔《がこんかいさんげ》」と懺悔《さんげ》すれば、必ず仏祖から助けをたまわる。心にまじりけのない信心を起こし、身に敬《うやま》う姿を表し、口に罪を発《あば》き露《あらわ》し、仏に告白するべきである。発き露すの力、罪根《ざいこん》をとかしなくしてしまう。

## ことば

**善根功徳**《ぜんごんくどく》＝善根とは善い報《むく》いを受けるための善因《ぜんいん》。功徳とは善い行為の結果として得られる福利。

**業報**《ごうほう》＝業《ごう》とは行為で、業報とは行為の報いという意味。

**三世**《さんぜ》＝過去・現在・未来。

**祖師**《そし》＝宗派の祖。ここでは達磨《だるま》のこと。

**三時**《さんじ》＝善悪の報《むく》いの三種。順現報受《じゅんげんほうじゅ》、順《じゅん》次生受《じしょうじゅ》、順後次受《じゅんごじじゅ》のこと。

**地獄**《じごく》＝六道《ろくどう》の一つ。罪悪を犯した者が赴《おもむ》く地下の牢獄《ろうごく》のこと。

**餓鬼**《がき》＝六道の一つ。飢《う》えや渇《かわ》きの苦しみをうける世界。

**畜生**《ちくしょう》＝六道の一つ。禽《とり》・獣《けもの》・魚・虫に生を受けたもののこと。

## 解説

明治の時代は激変の時代で、多くの分野の人たちが時代・社会にうまく適合《てきごう》すべく、さまざまに努力をしたものです。このことは宗教界も例外ではなく、曹洞宗も自らの宗派の教えを分かり易く示すべく『曹《そう》洞教会修証義《とうきょうかいしゅしょうぎ》』を誕生《たんじょう》させています。

『修証義』は、冒頭《ぼうとう》に「明《あき》らめる」という表現をとっていますが、仏教本来からすれば「諦《あきら》める」であるように思えます。しかし、今の感覚からすると、「明らめる」の方がよいように感ぜられます。

仏教の説く四つの真理は「四諦《したい》」と表現されます。諦はサンスクリット語の「サティア」で、真理という意味です。物事の本質が明らかになること、それが真理だという考えです。また、明らかになることは、諦めることにもなってきます。

『修証義』がいいたいのは、明らめることが、結局、仏教の真理が見えてくることであり、悟《さと》りの世界にも近づけるのだということのように思えます。生死《せいし》の本質も、因果《いんが》の道理も分かってくるということです。

# 普回向《ふえこう》

真言宗・天台宗・曹洞宗など

回向《えこう》とは、お経を読んだ後、その功徳《くどく》を他の人や生けるものに振り向け、すべてのものの仏道の完成を願うこと、あるいは亡くなった方の安穏を願い、追善法要を行い、その功徳を振り向けることなどをいう。宗派によって名称が少しことなるが、この偈文《げぶん》は『法華経』の「化城喩品《けじょうゆぼん》」の偈文によっている。

**原文**

願《がん》以《に》此《し》功《く》徳《どく》
普《ふ》及《ぎゅう》於《お》一《いっ》切《さい》
我《が》等《とう》与《よ》衆《しゅ》生《じょう》
皆《かい》共《ぐ》成《じょう》仏《ぶつ》道《どう》

**読み下し**

願《ねが》わくは此《こ》の功徳《くどく》を以《もっ》て、
普《あまね》く一切《いっさい》に及《およ》ぼし、
我等《われら》と衆生《しゅじょう》と、
皆共《みなとも》に仏道《ぶつどう》を成《じょう》ぜんことを。

**現代語訳**

願わくは、仏道で行った功徳を、
普く一切の生けるものたちに及ぼし、
私たちと生けるものたち皆ともに、
仏道を完成したいものです。

## 解説

この偈《げ》のキーワードは「回向《えこう》」と「大乗《だいじょう》」です。

回向とは、自分が修《おさ》めた善根功徳《ぜんごんくどく》というものを回《めぐ》らして、自分の望むものに振り向けることをいいます。

通常は法要を行い、その功徳を亡くなった人に振り向け、菩提《ぼだい》を弔《とむら》うことをいう場合が多いのです。ただし、真宗の場合は、阿弥陀仏《あみだぶつ》によって回らされたものとしています。

また、大乗とは、自分の仏道《ぶつどう》の完成というより、多くの人を救うことを目的としたものです。

この偈《げ》は自分が修した仏道の功徳を一切のものに振り向け、一切のものたちと共に仏道を完成したいとしているわけで、大乗の心で回向をすることを教えたものです。



### ❖コラム❖皆ともに

昔、国語の教科書で、芥川龍之介の『蜘蛛《くも》の糸』という小説を読んだことがある。

カンダタは生前、ひとつ善いことをしたお陰で、お釈迦様から地獄を抜け出るための、一本の蜘蛛の糸をいただくことになる。それを見つけ、上に向かって登り始めた。ところが下を見ると、われも、われもと地獄の人たちがその蜘蛛の糸を登ってくるではないか。カンダタは糸が切れたら大変だと思い、登ってくるなと叫んだ。すると、その瞬間、蜘蛛の糸は切れ、カンダタはもとの地獄に落ちてしまったのである。ともに救われようと願えば切れなかったのに、自分だけと思ったから、落ちてしまったと結ばれていたように記憶している。

回向文《えこうもん》には「皆ともに」とある。『蜘蛛の糸』の話を思い出すたびに、仏道も人生も回向文にあるごとく「皆ともに」の心で行きたいと思うのである。

〈著者紹介〉
**由木義文**（ゆうき・よしふみ）
昭和十九年、埼玉県生まれ。昭和四十二年、慶応義塾大学文学部社会学科卒業、昭和四十九年、東京大学大学院印度哲学博士課程修了。昭和五十六年度印度学仏教学会賞受賞。現在、慶応義塾大学講師、龍蔵寺（埼玉県加須市）住職のかたわら、評論・エッセイなどで活躍。
著書に『日本仏教における仏』『日本仏教思想史』『東国の仏教』『仏教日用小辞典』『阿弥陀経』『法滅尽経』『最澄』『宗教学序説』など多数。

講談社ことばの新書

よくわかる
# お経《きょう》の本《ほん》

二〇〇〇年一月二〇日 第一刷発行
二〇二四年四月一二日 第一八刷発行

著者……由《ゆう》木《き》義《よし》文《ふみ》
発行者……森田浩章
発行所……株式会社 講談社
東京都文京区音羽二丁目一二-二一
郵便番号一一二-八〇〇一
電話 編集 〇三-五三九五-三五一二
販売 〇三-五三九五-五八一七
業務 〇三-五三九五-三六一五

印刷所……大日本印刷株式会社
製本所……株式会社若林製本工場


ISBN978-4-06-268563-9

定価はカバーに表示してあります。


N.D.C 183 222p 18cm